Paul Oskar Höcker
Finnland. Ein Land erwacht

SEVERUS

Höcker, Paul Oskar: Finnland
Hamburg, SEVERUS Verlag 2014

ISBN: 9-783-86347-983-1
Druck: SEVERUS Verlag, Hamburg, 2014
Nachdruck der Originalausgabe von 1924

Der SEVERUS Verlag ist ein Imprint der Diplomica Verlag GmbH.

Bibliografische Information der Deutschen Nationalbibliothek:
Die Deutsche Nationalbibliothek verzeichnet diese Publikation in der
Deutschen Nationalbibliografie; detaillierte bibliografische Daten sind im
Internet über http://dnb.d-nb.de abrufbar.

Paul Oskar Höcker

Finnland. Ein Land erwacht

SEVERUS

Zu dem Bildſchmuck dieſes Volksbuches haben das Miniſterium der Auswärtigen
Angelegenheiten des Freiſtaates Finnland, der Touriſtenverein in Finnland, die
Verlagsbuchhandlung Otava und Fräulein Brander in Helſingfors in reichem
Maße beigetragen, wofür auch an dieſer Stelle der wärmſte Dank des Verlags und
des Herausgebers ausgeſprochen ſei.

Finnlands Seele.

In unserer von Schmerzen, Begierden und Enttäuschungen zerrissenen Zeit, in der Einsamkeit und Not und Elend dicht neben lüsterner Sensation und dem Gedränge und Geschiebe hastig errafften Reichtums stehen, sendet der gequälte Europäer seine Blicke nach Bezirken der Stille und des Friedens, um seiner Seele die Ruhe wieder zu erringen, die ihm das Chaos der verflossenen Jahre geraubt — ein Chaos, das ihn noch heute umgibt —, nach einer Welt, wo seine Nerven nicht gepeitscht werden, wo er die Sonntagsandacht des Alleinseins mit der Natur durchkosten und sich an Körper und Seele aufrichten und stärken kann.

Und sein nach Einkehr und Erholung suchender Blick wendet sich unwillkürlich nach Norden. Wie ein neuentdecktes Reich öffnet Finn= land die friedliche Stille seiner Wälder dem gehetzten Europäer. Noch immer spielt nur wenigen Glücklichen der Zufall den Schlüssel zu diesem Land in die Hände. Früher gingen sie, vom silbernen Lachs gelockt, mit ihrem Fanggerät an die Granitklippen der Stromschnellen; oder als Jäger in die Tiefe des Einödwaldes, wo kundige Bauern das Winterlager eines Bären erspürt und umzingelt hatten. Heute, wo der bittere Hunger des Leibes die Eingeweide der europäischen Menschheit durchwühlt, ist ihr sogar der Sport zum Luxus geworden, und wenn sie auf Reisen geht, so geschieht es, um Geschäfte zu machen.

Karelische Runensänger (Zu Seite 6)

Und dennoch: Finnland lockt. Lockt mit einem geheimnisvollen Zauber. Freilich — keine schneebedeckten Firne spiegeln sich in seinen Fjorden und Gewässern, wie in Norwegen oder der Schweiz; kein ewiger Frühling breitet duftende Teppiche über das kahle Gestein wie in den Gärten des Südens; keine uralte Kultur übersät das Land mit Denk= mälern einer großen Kunst, wie den Boden Italiens. Das Land ist arm, der Boden karg, das Klima rauh. Und doch geht ein unbezwing= barer Reiz von diesem Lande aus.

Lang ist der Winter hier oben. Mehr als sechs Monate des Jahres, also ihr halbes Leben, verbringen die Menschen umgeben von Eis und Schnee, umhüllt von der Nacht des Winterfrostes. Erst im April schüttelt das Meer seine Eiskruste von sich. Und die akademische Jugend, die am ersten Mai die Ankunft des Frühlings feiert, hat den Wonnemond schon manches Mal im Schneegestöber begrüßt. Aber dann geht wie durch einen Zauberschlag eine seltsame Veränderung vor sich: über Nacht ist das spinnewebfeine Gezweig der Birken von einem zarten und frischen Grün überhaucht, der graue Ackerboden und dürres Wiesengelände prangen plötzlich in grellen Farben; Kuckuck und Drossel und singendes Geflatter — man weiß nicht, wann und von wo es gekommen ist — verscheucht mit Gelärm und Gezwitscher die Winterstille der Wälder, und der Sommer ist da.

Das Licht ist es, das diesen Zauber bewirkt, das Licht, das monate= lang einen scheinbar vergeblichen Kampf mit Eis und Nordwinden kämpfte, um dann in einer heißen und kurzen Entscheidungsschlacht auf der ganzen Linie zu siegen. Dieser Triumph ist so heftig, so voller Überrumpelung, so vollständig, daß der Frühling nur wie ein flüchtiger Traum über das Land zu huschen vermag, den brausenden, üppigen Sommer auf den Fersen. Baum und Strauch werden zu temperamentvollen Lebewesen, die in heißer Ungeduld ihre Hüllen zu zersprengen drohen, und was noch gestern trockenes Reisig war, spendet schon heute Schatten. Und Menschen und Getier führen ein erhöhtes, gesteigertes, doppeltes Dasein. Alles will sich für die lange, finstere Dumpfheit des Winters schadlos halten. Man gönnt sich nur wenige, kurze Stunden des Schlafs. Es gilt, das Licht zu genießen, das lang entbehrte, denn der Sommer ist kurz, und die Sonne, die nun fast die Nacht über am Horizont steht, verblaßt ebenso rasch, wie sie auflohte. Ja fürwahr, die weißen Nächte im Juni sind Finnlands Jungbrunnen.

Aber nicht nur dieser Rausch des Lebens, diese jährlich sich erneuernde Jugend ist das Kennzeichen der finnischen Landschaft. Sie hat auch Größe, eine Größe, die sich nicht in der wuchernden und prunkenden Fülle des Überreichtums äußert, sondern in der Unendlichkeit der Kargheit und Armut.

Für die Kargheit hat die Vorzeit selber gesorgt: wie einen Riesen= schild aus Granit haben die unterirdischen vulkanischen Gewalten in der Jugendzeit der Erde hier die Gebirgsmassen zur Oberfläche gehoben, und haben die Eggen und Pflüge der diluvianischen Eismassen das Gebirge zerklüftet, abgehobelt, zerschunden und die steinernen Späne und Brocken über die Rillen und Furchen des Landes verschüttet und geschoben, daß

Bauernhof auf Åland

neben all dem Geröll von Quarz und Feldspat und Granit und zwischen den von dem geschmolzenen Ureis stammenden dreißigtausend Seen nur hier und da Raum übrig blieb für Sand und Lehm und nahrhaftes Erd= reich, das erst im Laufe der Jahrhunderttausende zum Heimatboden des langsam wachsenden finnischen Waldes ward. Und je höher nach Norden, um so größer, um so erhabener und erschütternder wird die Kargheit, die Armut und die endlose Öde der Natur.

Und neben dieser heroischen Größe der Entsagung die andere der Wildheit und übermenschlichen Kraft. Der Mensch, der die Kräfte der Natur bezwingt, steht in demütigem Gefühl seiner ohnmächtigen Kleinheit vor den zischenden, brüllenden Riesenwirbeln des Imatra, der sich durch die Mauern des Urgebirges sein Bett gegraben und die gestauten Mengen der Saimagewässer durch die karelischen Einöden zum düsteren und stürmischen Ladoga wälzt. Und wer mit eigenen Augen und an den eigenen Nerven erfahren will, wie der Mensch selbst die Wildheit des wirbelnden Stromes unter den Kiel seines Nachens spannt und auf seinem schäumenden Rücken wie auf dem Roß der Steppe dahinsaust, der dringe bis in den hohen Norden hinauf, wo die mächtigen und wilden Katarakte des Ulea die Gewässer der karelischen Urwälder durch endlose Einöden nach dem Bottnischen Meere tragen, und wo der einsame Bewohner schon in uralten Zeiten die reißenden Stromschnellen zur Fahrstraße schuf, um das in seinen primitiven Kohlenmeilern gewonnene Pech und Teer in schlankgebautem Boot nach der Handelsstadt Uleaborg (Oulu) am Botten= meer zu schaffen.

Ja, auch hier in nördlichen Breiten, wo Wolf und Luchs und Bär mit ihrem Gebell und ihrem Pfiff die Tempelstille der Wälder unterbrechen, fern vom Dunstkreis der Zivilisation und Bildung, auch hier atmen und wirken Menschen, Menschen mit einer ursprünglichen und reinen Kraft des inneren Erlebens, vor der der banale und oberflächliche Alltag des Durchschnittsgroßstädters gespensterhaft verblaßt. Hier, wo der einsame Hüttenbewohner alles aus sich selber schöpft, was er zur Notdurft des Lebens bedarf: die Axt, mit der er seine Hütte zimmert, und den Speer, mit dem er den Bären erlegt, wo der scheu verehrte Zauberer mit selbstgebrauten Salben Krankheiten heilt oder Feinde verdirbt, und der eisbärtige Stammvater, der nie eine Lokomotive hat pfeifen hören, über Fragen des Menschenlebens mit tieferer und klarerer Einsicht urteilt, als es auf den Kanzeln und Kathedern diesseits der Waldgrenze geschieht, hier ist die Quelle und der Mutterboden jener wie das Wunder einer Offenbarung wirkenden Volkspoesie, die heute unter dem Namen „Kalewala" und „Kanteletar" das finnische Volk beglückt.

Wie kam diese Volksdichtung in unseren Besitz? Fand man Handschriften, alte Urkunden, Runen? O nein! Sie ward entdeckt und vor der Nacht der Vergessenheit bewahrt durch einen einzelnen Mann, den die Gewalt der Liebe, die mit ein Kennzeichen des Genies ist, zum Finder und Wiedererwecker, zum Deuter und Dolmetscher der finnischen Volksseele machte. Elias Lönnrot, so hieß jener Mann, war mit der Wünschelrute begabt, welche die Wasser des Lebens aus dem Felsen springen läßt. Auf einsamen Wanderungen in den Einöden Ostkareliens sammelte er von den Lippen der greisen Volkssänger die Lieder, die seit uralter Zeit von Geschlecht zu Geschlecht in mündlicher Überlieferung sich weiter vererbten. Aber nicht bloß fleißiger Sammler war er; aus unzähligen — man spricht von hunderttausend — Varianten wählte, sichtete, verknüpfte er das Schönste und Vollkommenste und baute so das Lied, das unzählige Runensänger vor ihm gesungen, zu unvergänglichem Leben auf.

In diesem Epos lebt die ganze vielgestaltige Wesensart der finnischen Volksseele.

Die Natur des Landes.

Finnland ist unter dem Namen „das Land der tausend Seen" bekannt, könnte aber ebenso gut „das Land der hunderttausend Seen" heißen, ohne daß diese Zahl der wirklichen Anzahl der Seen entspräche, wenn man auch die kleineren mitzählte. Dazu kommt, daß die meisten Seen auf der sogenannten Seenplatte versammelt sind, d. h. in den inneren Teilen der südlichen Hälfte des Landes, wodurch die große Anzahl der Seen besonders überraschend wirkt. Sieht man das Land von einer Anhöhe, so glänzen Seen von allen Seiten hervor, in einen grünen Rahmen von waldbekleideten Höhen und Bergrücken eingefaßt; man fühlt sich verwirrt und hält es für unmöglich, sich in diesem Gewirre von Land und Wasser zurechtzufinden. Man fragt nicht nach den Namen der Seen, sondern läßt den Blick entzückt den schlängelnden Linien folgen.

Landschaft in Südfrankland

Ähnliche Landschaftsbilder wiederholen sich, wo immer man auch innerhalb der Seenplatte den Blick über ein größeres Gebiet schweifen läßt. Überall herrschen der Wald und das Wasser vor, grün und blau sind hier die Nationalfarben der Natur. Nähert man sich der Küste, so trifft man auf andere Landschaftsbilder. Hier ist das Land eben, ohne deswegen die weiten Aussichten der wirklichen Ebene zu bieten. Hier und dort erheben sich kleine Berge, Wälder wechseln mit bebauten Ländereien ab, und kleine Flüsse schlängeln sich träge durch die Ebene. Nur da, wo das Gelände von der (jedoch nur 100 Meter über dem Meere liegenden) Seenplatte in die noch niedrigere Küstengegend übergeht, bilden die größeren Flüsse, die die weiten Gewässer der Plateaus leeren, heftige Stromschnellen.

Gegen Norden und Nordost steigt das Land allmählich, die Seen sind weniger zahlreich und kleiner, die Anhöhen größer und schließlich kahl an den Gipfeln, der Wälder und Moraste werden immer mehr. Eine düstere Wildnis begegnet uns jetzt, die Spuren von Menschen werden immer spärlicher, und graue „Skelettbäume", die stehend verdorrt sind, zeigen sich zwischen den lichten Kronen der knotigen Nadelbäume. Finnland ist ein hügeliges Land mit zahlreichen, niedrigen Hügeln und kurzen, wenig tiefen Tälern. Sand und Lehm sind über alle niedrigeren Plätze verbreitet. Dadurch bekommt das Land eine recht ebene Basis, von der die Höhen sich erheben, gleichsam die weiche Decke durchbrechend. Deshalb sind auch die Seen im allgemeinen nicht tief.

Kiiskinkylä auf Hochland (finnischer Meerbusen)

Aussicht über den Aulankosee bei Tavastehus (Zu Seite 12)

Bezeichnend für die Naturverhältnisse Finnlands ist, daß man sich
nicht über den Platz eines „Nationalparks" hat einigen können. Es
gibt zahllose Stellen, welche die hierfür erforderlichen Bedingungen dar=
bieten, aber keine einzige, die sich von den andern durch eine spezifisch
eigenartige Natur so unterscheiden sollte, daß man sofort ausrufen könnte:
da soll der Nationalpark liegen!

Diese gleiche Verteilung der naturschönen Gegenden ist ein Vorteil
für den Gast des Landes: er braucht nicht die allgemeinen Reisepfade
aufzusuchen, wo er bei jedem Schritt seinesgleichen begegnet, auf deren
Gesellschaft er auf einer solchen Reise leicht verzichten könnte; seinen
Reiseplan kann er nach Belieben wählen, überall wird er Sehenswürdig=
keiten „entdecken", Naturschönheiten finden, die um so mehr fesseln, als
er allein ihre Reize genießen kann.

Es gibt natürlich Gegenden, die mehr als andere den Fremden an=
ziehn. Das erste, womit er gewöhnlich in Berührung kommt, sind die
Schären, und er weilt oft dort, von ihrem Reize bezaubert. Auf der
ganzen Erde gibt es kein zerlegteres Meer, als das zwischen Åland und
der Åbo=Küste; oder richtiger, es ist das Land, das zerfallen ist, und
das Meer ist mit Hunderten von Meerbusen (fjärdar), Engen und Buchten
zwischen die Bruchstücke des Festlandes eingedrungen. Man findet hier
alle denkbaren Arten von Inseln, von den nackten Felsen, die von Sturm=
wellen gepeitscht werden, bis zu den lächelnden, dicht belaubten Inseln
mit Hainen, Wiesen und niedlichen Villen. Hier ist das Motorboot das

geeignete Beförderungsmittel. Verfügt man über ein solches, so kann man sich auf eine Entdeckungsreise in dieses Gewirr von Inseln begeben. Man fährt in ein blindes Gewässer hinein, das scheinbar wie eine Bucht endet; man kommt weiter in die scheinbare Bucht hinein und findet, daß sie — sich öffnet, zu einem Sund wird, der zu neuen „Fjärden" führt, einem neuen Gewirre von Sunden und Inseln.

Auf der Seenplatte sieht man ähnliche Landschaftsbilder, ein Amphibienland wie die Schären, mit kleineren und größeren Gewässern, aber mit gleichsam zusammengelötetem Land. Die Schären haben doch einen strengeren Charakter als die Binnenlandschaft. Wo jene knochige, dem Winde trotzende Tannen und glatte Granitfelsen an den Ufern hat, bietet diese eine weiche Laube von Erlen und Weiden, die sich an vielen Orten bis zur Wasserfläche strecken; wenn in den Schären der frische, salzige Duft des Meeres in der Luft liegt, der hohe, matte Wellenschlag durch die Sunde dringt und man die grenzenlose Fernsicht auf den finnischen Meerbusen und die Ostsee hat, so bietet die Binnenlandschaft laue Winde, weiche Züge, kurze, heftige Wogen und einen träumenden Charakter.

Nirgends ist die Binnenseelandschaft schöner als dort, wo lange Rollsteinbergrücken, in dunklen Tannenwald gekleidet, zwischen Seen mit laubigen oder gebauten Ufern dahinziehn. Viele solche Plätze sind von Wanderern eifrig besucht, dort können sie auch ein Unterkommen erhalten, andere aber und zwar die meisten liegen in der Einöde versteckt und werden nur vom Forstmann und Jäger besucht. Auch diese Rollsteinberge sind Überbleibsel von der Eiszeit, und man sieht, daß sie Serien von Grieß und Steinhaufen, die sich vor den Mündungen der Eisflüsse gesammelt haben, ausmachen. Die Eisflüsse rannen in Tunneln auf der Unterseite des Landeises, Steine und Blöcke rollten in ihnen, bis sie eine fast kugelrunde Form erhielten. Dadurch, daß das Eis allmählich schmolz und dessen Rand sich also zurückzog, wurden diese Anhäufungen nach und nach aneinander gefügt und bilden jetzt lange Rücken. Ihre Höhe wechselt jedoch bedeutend, je nachdem mehr oder weniger reiche Grießmassen sich anhäuften. Da die Eisflüsse gewöhnlich in alten Tälern oder auf den niedrigsten Teilen des Bodens dahinflossen, erhielten auch die Bergrücken ihren Platz an solchen Stellen.

Der bekannteste unter den Bergrücken (åsar) ist Punkaharju, unweit der Stadt Nyslott. Dieser „Ås" streckt sich 7 km weit durch einen hübschen See, sich bald ausdehnend und mit anderen Grießbergen vereinend, bald sich dermaßen verengend, daß die Chaussee da kaum Platz hat. Der Nadelwald steht dicht und hochstämmig da, und von den Anhöhen hat man ständig wechselnde Aussichten über die umgebende Landschaft, in der sich alle Züge der Saima-Natur sammeln. Kaum weniger bekannt unter den Reisenden ist der Kangasala-Ås in der Nähe der Stadt Tammerfors. Auch dieser Bergrücken erstreckt sich zwischen vielen, von den finnischen Skalden besungenen Seen, und von einigen seiner Gipfel hat man eine herrliche Aussicht, die den schwedischen König Gustaf III. bei einem Besuch an dem Platz zu der Bemerkung veranlaßte: „Hier

Ausficht auf das Hügelland bei Koli (Zu Seite 10)

war es wahrscheinlich, wo der Teufel unsern Heiland versuchte, ihm all die Herrlichkeit der Welt zeigend".

Zu den Sehenswürdigkeiten ersten Ranges gehören außer den „Asarna" auch die Stromschnellen Finnlands. Wie erwähnt, finden sich die meisten Stromschnellen dort, wo sich das Wasser der zahlreichen großen Seen der Seenplatte durchbricht, um auf das tiefer gelegene Küstenland zu kommen. Die Umzäunung dieser Seen besteht teils aus Bergen, dann entstehen schäumende Stromschnellen, teils wieder aus dem Grieß der Eiszeit, und dann schlichtet sich der Fluß in seinem Bett in einen Strom. Die Treibkraft der Stromschnellen sind Finnlands „weiße Steinkohlen", die man an vielen Orten im Dienst der Industrie anzu-wenden begonnen hat.

Auch in den härtesten Felsen kann die Stromschnelle ihr Bett hinein-schleifen, was man an dem Imatra gesehen hat, wo das Wasser des ganzen weiten Saimagebiets mit unbändiger Kraft dahinstürzt. Hand in Hand mit der Vertiefung des Imatra-Bettes ist es auch schmaler ge-worden, und am linken Ufer hat man Gelegenheit, in den zahlreichen Riesentöpfen unzweideutige Spuren einer älteren, weit breiteren Furche aufzuspüren. Ebensowenig wie die übrigen größeren Stromschnellen Finn-lands ist der Imatra ein Wasserfall, sondern ein schäumender Strom, dessen Höhe nicht voll 19 m auf eine Länge von 850 m beträgt, aber er bietet statt dessen eine um so längere Strecke von schäumenden, in rasendem Kampf miteinander begriffenen Wellen, die sich umarmend abwärts gleiten, um bald von neuen Wogen ersetzt zu werden, die den Gischt ebenso hoch gen Himmel senden, so daß ihr Getöse sich von 10 km Entfernung hören läßt. Auch an den Mündungen der großen Flüsse gibt es Stromschnellen, die die Kähne hindern, aufwärts zu fahren, welche aber große Fabriken treiben. Durch die Hebung, der das Land ausgesetzt ist, wächst die Fallhöhe dieser Stromschnellen.

An den Stromschnellen sind nicht nur Fabriken, sondern an vielen Orten auch kleinere industrielle Flecken entstanden, die sich zu Städten zu entwickeln scheinen, wenn sie es nicht bereits geworden, wie „Finnlands Manchester", Tammerfors.

Die übrigen Städte des Landes tragen in sehr geringem Grade das Gepräge einer Fabriktätigkeit. Außer der Hauptstadt und teilweise den Städten Abo, Tammerfors (finnisch Tampere) und Wiborg (Wiipuri) haben die finnischen Städte einen sehr provinziellen Charakter, mit ein=stöckigen, nacheinander geordneten hölzernen Häusern und breiten wohl=gepflegten Straßen. Zu den Häusern gehören oft verhältnismäßig große Gärten. Viele Städte wie Hangö, Tavastehus (finnisch Hämeenlinna) und Kuopio haben schöne Parke, andere bilden idyllische Aufenthaltsorte für zahlreiche Badegäste, z. B. Mariehamn auf Åland, Heinola, Willmanstrand (Lappeen=ranta) und Nyslott (Savonlinna).

Indessen gibt es einen Teil des Landes, der gewöhnlich als ein Land für sich betrachtet wird, ich meine Lappland. Nach Lappland kommt der Reisende aus natürlichen Gründen nur selten; kommt er aber dahin, so braucht er es nicht zu bereuen. Ein Land mit domförmig abgerundeten Alpen, auf denen keine Wälder mehr gedeihen, oder niedrigeren Bergen und Rücken, mit dichtem Wald bekleidet, während eine weiche Matte von Renntiermoos den Boden bedeckt, ihm einen gleichen, hellgrauen Schimmer gebend, wie Mondschein dem Schnee; ein Land mit Einöden und tiefen Tälern, durch welche kristallklare Flüsse dahinbrausen, ist Nordlappland, aber eine melancholische Wildnis mit meilenweiten Binnenseen und Mooren ist Südlappland. Im letzteren sind die Lappen von den Finnen ver=drängt, aber in Nordlappland sieht man noch diese Nomaden des Nordens, wie sie in ihren farbenstarken Sommertrachten auf den Flüssen und Seen mit ihren leichten Kähnen fahren, oder auf den wellenförmigen Alpen=rücken ihre von Mücken geplagten Renntierheerden zusammenhalten.

Durch den am 4. Oktober 1920 in Dorpat abgeschlossenen Friedens=vertrag mit Rußland wurde das etwa 10000 Geviertkilometer umfassende Petsamogebiet von Rußland an Finnland abgetreten. Hierdurch hat Finnland eine an einem Weltmeer, dem Nördlichen Eismeer, liegende Küstenstrecke, die das ganze Jahr eisfrei ist, erworben. Der Fisch= und Robbenfang hatte nicht nur für die dort wohnende, aus Finnen und Lappländern bestehende Bevölkerung Bedeutung, er könnte vielmehr — bei genügender Kapitalanlage — zu großer Entwicklung gelangen. Die weit=ausgedehnten Staatswälder, die sich hier und anschließend im übrigen Nordfinnland befinden, können künftig gut ausgebeutet werden, sobald die ins Eismeer mündenden Flüsse fahrbar für Flöße gemacht sind. Die

Aussicht vom Turm auf dem Berge Puio bei Kuopio in der Landschaft Savolar (Zu Seite 12)

Ablauf der Skiläufer beim Wettrennen in Kuopio (Zu Seite 12)

volle Bedeutung gewinnt die neuerworbene Provinz, wenn erst eine Eisenbahn sie mit dem Staatsbahnnetz verbindet. Dann werden auch Lapplands
Reichtümer an Wald, Bodenschätzen und Naturschönheit zur Geltung
kommen und allgemein zugänglich gemacht werden.

Aus Finnlands Geschichte.

Die Urgeschichte Finnlands haben die Gelehrten erforscht, indem
sie aus den überall im Lande gemachten Funden von Waffen und Werk-
zeug auf Wohnstätten und Sitten der frühesten Bewohner des Landes
Rückschlüsse zogen. Die ältesten Funde der Steinzeit stellen zehn sogenannte Rundbeile dar. Jüngere Funde aus der Steinzeit sind etwa
20 000 Steingegenstände, eine ungeheure Menge Scherben von Ton-
gefäßen sowie Steinsplitter, einige Knochen- und Holzgegenstände. Sie
lassen auf eine durch Jagd und Fischfang sich ernährende Bevölkerung
schließen. Es ist die jüngere Steinzeit — 4000 bis 3000 v. Chr. —,
die durch diese Funde bezeichnet wird. Da man diese Funde nur in
südlichen Gegenden sowohl in Karelien wie in Westfinnland antraf, wird
angenommen, daß der Mensch von zwei Richtungen her nach Finnland
eingewandert ist: aus Rußland und aus Skandinavien. Verhältnismäßig
früh entwickelte sich in Karelien eine gewisse Lebenskultur: Tongefäße, die
mit Kannen- und Grübchenornamenten verziert sind, gewisse Beil- und
Meißelformen lassen darauf schließen. Die Jäger- und Fischerbevölkerung
dieser Zeit muß ihren Wohnort oft gewechselt haben. Sie lebte in kleinen

Gruppen, am liebsten an den Ufern kleiner Gewässer. Die Lappenhütte, in der sich ein offener, mit Steinen gepflasterter Herd befand, diente ihnen als Wohnung. Der Hund und vielleicht das Renntier waren ihre Haustiere.

Die Hammerbeilkultur wird für den Zeitraum 2500—2100 v. Chr. angesetzt. Bootförmige, schöne, mit Loch versehene Streitäxte und eine feine, mit Einritzungen und eingedrückten Schnurornamenten verzierte Keramik bezeichnen diesen Abschnitt der Steinzeit. Die Bewohner Finnlands in dem letzten Abschnitt der Steinzeit — 2100 bis 1600 v. Chr. — trieben bereits Ackerbau; das schließt man aus Mahlsteinfunden.

Die Bronzezeit ist von 1600 bis 600 v. Chr. anzunehmen. Die ältere Eisenzeit reicht bis 700 n. Chr., die jüngere Eisenzeit dauert bis in die historische Zeit, die für Karelien mit dem Jahre 1350 beginnt. Die Funde aus dem letzten Abschnitt der jüngeren Eisenzeit lassen den Schluß zu, daß in dem von Skandinavien beeinflußten Westfinnland die christliche Bestattungsweise (ohne Grabbeigaben) üblich war, während in Karelien, das unter russischem Einfluß stand, sich noch die heidnische Bestattungsweise erhielt. Die zahlreichen alten Burgen Finnlands gehören in diese Periode. Gegen Ende der Eisenzeit wohnte man in Gebäuden, die aus Baumstämmen gezimmert waren. Hauptgewerbe waren Ackerbau und Viehzucht. Man hielt an Haustieren nun schon Pferde, Kühe, Schafe, Schweine und Hunde. Jagd und Fischerei wurden daneben betrieben. In Westfinnland dürfte es auch schon einige Handelsdörfer gegeben haben.

Saimaseegebiet (Zu Seite 11)

Sechseinhalb Jahrhunderte währte die schwedische Herrschaft in Finnland, und in dieser Zeit bildete das oft auch von Hungersnot und Pest heimgesuchte Land fast ununterbrochen den Kriegsschauplatz für Schweden und seinen Hauptfeind Rußland. An beiden Grenzen Finnlands kämpften diese beiden Mächte um die Vormacht über die Ostsee und führten immer wieder ihre rauhen Kriegerhorden auf finnischem Boden gegeneinander. Diese Zeit der Kämpfe war wenig dazu angetan, das finnische Volk zu eigenem nationalen und politischen Selbstbewußtsein zu wecken. Kämpfe hatte es freilich genug zu bestehen, ja, man kann sagen: die ganze schwe= dische Zeit war fast ein ununterbrochener, zeitweise verheerender Kampf ums Dasein für das finnische Volk. Aber diese Kämpfe waren nicht politischer, sondern ausschließlich kriegerischer Art. Sie waren stets gegen einen äußeren Feind gerichtet, und Finnland hatte nur sein Gut und Blut herzugeben. Ob und wann sie eröffnet und beendigt wurden, hatte nicht Finnland zu bestimmen, sondern das weit größere und ältere Mutterland, in dessen Händen die Leitung und Entscheidung aller Politik lag. Finnland war mithin nicht im wahren Sinne des Wortes Herr im eigenen Hause; aber die schwedische Staatsgewalt drüben in Stockholm, der es untertan war, rührte doch nicht an die völkische Eigenart der Finnen. Freilich lag das zum Teil daran, daß sie sich im allgemeinen nicht viel um dieses Volk kümmerte. Sie unterdrückte und vergewaltigte die Finnen nicht, doch ebensowenig nahm sie in Verwaltung und Rechtspflege auf die Tatsache Rücksicht, daß die Finnen von jeher die Hauptbevölkerung des Landes und die Schweden nur einen geringen Bruchteil bildeten.

⊠ ⊠ ⊠

Ganz anders gestalteten sich die Verhältnisse vom Kriege 1808/1809 ab, durch dessen unglücklichen Ausgang Finnland zu einem Bestandteil des russischen Reiches wurde. Bisher hatte sich das finnische Volk nicht unmittelbar in seinem nationalen Dasein gefährdet gefühlt. Die wohl von vielen schon längst gefürchtete und jetzt doch unerwartet schnell und in vollem Umfange eingetretene Katastrophe, sich plötzlich von den Armen eines ganz anderen „Mütterchens" umfangen zu sehen, weckte aber mit einem Schlage stark nationale Kräfte.

Alexanders I. Verhalten richtete sich im Verlauf des ganzen Krieges ausschließlich nach den Stimmungen und Kräften, die im finnischen Volk zum Ausdruck kamen. Erst der Freiheitsdrang und die nationale Energie, mit der dieses Volk seinen Willen zu eigenem politischen Dasein kundtat, vermochte die ursprünglichen Absichten des Zaren, die auf volle Unter= werfung und Einverleibung Finnlands zielten, in eine andere Richtung zu lenken. Daß Alexander I. nur aus idealistischer Schwärmerei dem finnischen Volk das Gnadengeschenk einer weitgehenden Autonomie gemacht hätte, muß deshalb ins Reich der Märchen verwiesen werden. Auch er handelte in erster Linie aus Rücksicht auf die Vorteile seines Landes. Und als Vaterlandsliebe und Haß gegen Knechtschaft der kriegerischen Gewalt einen zähen Widerstand entgegensetzten, dessen Überwindung nur andauernde Feindschaft im Gefolge gehabt hätte, da war er und vor allem sein einflußreicher Ratgeber Speranski klug genug, einzusehen, welche Politik

Der Bergrücken Punkaharju bei Nyslott (Zu Seite 10)

Touristenboot in den Stromschnellen

Finnland gegenüber den sicherften Vorteil für Rußland bedeutete: die Politik des Rechts, der Humanität und des Friedens, d. h. der Toleranz. So wurde der neue Staat Finnland, der durch die Magna Charta vom 27. (15.) März 1809, Alexanders I., vom finnischen Landtag an= genommene „Versicherung an sämtliche Einwohner Finnlands", ins Leben gerufen ward, nicht ein Geschenk monarchischer Gnade, sondern das Werk gemeinsamen Übereinkommens zwischen Fürst und Volk. Der weitere Ausbau ging erst Schritt für Schritt und langsam vorwärts, ja, er ward mehrere Jahrzehnte lang in empfindlichster Weise gehemmt, eine Folge der unheilvollen Tatsache, die keine Weisheit und keine Kühnheit hatte ausschalten können: der Tatsache, daß die letzte Entscheidung in den Angelegenheiten Finnlands in den Händen eines außerhalb des Landes wohnenden, den Einflüssen fremder Ratgeber zugänglichen Fürsten lag. Dies war der wunde Punkt der ganzen Daseinsgrundlage des finnischen Volkes.

Als deshalb am 3. März 1855 mit Alexander II. ein Mann den Zarenthron bestieg, der den Ruf eines gerechten und freisinnigen Herrschers, der ihm voranging, Finnland gegenüber in weitem Maße verwirklichte, da sprangen plötzlich mächtige Quelladern politischer Schaffenskraft im Volke auf, und es begann für Finnland eine Jahrzehnte dauernde poli= tische, wirtschaftliche und kulturelle Blüte von ungeahntem Umfange, die vor allem dazu beigetragen hat, das nationale Selbstbewußtsein und die nationale Widerstandskraft des Volkes zu entwickeln und zu stählen.

Schon unter dem Nachfolger Alexanders II., dem beschränkt nationalistischen, aber starrköpfig rechtschaffenen Alexander III., waren drohende Wolken am politischen Himmel Finnlands aufgestiegen. Der von M. Katkow in Moskau geleitete reaktionär-nationalistische Kampf gegen alles Nichtrussische und Verfassungsmäßige begann gefährliche Früchte zu zeitigen. Zu voller Entfaltung kamen diese Tendenzen jedoch erst unter dem am 1. November 1894 auf den Zarenthron gelangten Nikolaus II., der zwar gleich allen seinen Vorgängern durch die übliche Regentenversicherung die finnische Verfassung bekräftigte, aber schon vier Jahre später in der Person des Generals Bobrikow einen Satrapen als Generalgouverneur nach Finnland sandte, dessen Auftrag in nichts geringerem bestand, als die mit allen Mitteln der Überredung, der List und nötigenfalls der brutalen Gewalt durchzusetzende vollständige politische Unmündigmachung des finnischen Staates und Entnationalisierung des finnischen Volkes. In welcher Weise und mit welchem Erfolge sich Bobrikow dieses Auftrages entledigte, ist bekannt. Am 16. Juni 1904 wurde er von dem jungen finnischen Patrioten Eugen Schauman, der sich unmittelbar danach selbst erschoß, niedergestreckt und hinterließ eine durch Willkür und Mißwirtschaft in

Die Olofsburg bei Nyslott (zu Seite 79)

2*

schwere Verwirrung gebrachte Verwaltung und ein bis in die tiefsten Schichten aufs äußerste erbittertes Volk.

Die Finnländer waren ihrer gesamten Heeresorganisation und Waffen beraubt, aber den Kampf nahmen sie trotz allem auf. Nur geschah dies in der Form eines friedlichen Rechts= kampfes, der aber darum nicht minder scharf, gefährlich und verlustreich war.

Es galt ja, nicht bloß mit Wort und Feder für das verletzte Recht einzutreten, das eigene Volk zu stählen und das Ausland aufzuklären, es galt nicht nur die Rechtsgültigkeit der russischen Willkürverordnungen zu verneinen und zu widerlegen, es galt vor allem, ihre Kraft und Wirkung zu brechen, indem man dem Gegner durch die Tat bewies, daß Gewalt nie Unrecht in Recht verwandeln und, sobald sie auf Mut und Charakter stieß, nie Gehorsam erzwingen konnte. Die Opferfreudigkeit und der Heroismus, mit dem dieser Kampf geführt ward, mag anders eingeschätzt werden, als der Todesmut des Kriegers in der Schlacht, an die Nerven und die Willenskraft der Kämpfenden stellte er nicht geringere Anforderungen. Zu Hunderten sind die Staats= und anderen Beamten zu zählen (denn dies waren vor allem die unmittelbaren Opfer des Verfassungskampfes), die Gesundheit und Vermögen, Amt und Existenzmöglichkeit und persön= liche Freiheit auf dem Altar des Vaterlandes opferten.

Die Nemesis holte zu ihrem ersten Schlag aus, als im Spätherbst 1905 die Woge der russischen Oktoberrevolution ihre Brandung auch über Finnland schäumen ließ. Der Rausch, in den das finnische Volk durch die ebenso unerwartet wie voll errungene Freiheit versetzt ward, die ihm das sogen. Novembermanifest des zweiten Nikolaus brachte, versenkte es anfangs in den Traum eines Sieges und Glückes von unzerbrechlicher Dauer. Die bloße Tatsache, daß der ganze russische Plunder mit seinen Gendarmen, Spionen und Strebern wie mit einem Schlage aus dem Lande gefegt, die Verfassung in ihrem vollen Umfange wieder hergestellt und die Leitung des Landes in die Hände eines Mannes wie Leo Mechelin gelegt ward, war so beglückend schön, daß es begreiflich ist, daß man damals in Finnland nicht erkannte, daß die Kraft, die diesen Sieg ge= bracht, die außerhalb des Landes zum Ausbruch gekommene, vorüber= gehende Aufwallung eines fremden Volkswillens gewesen war, und daß der Rückschlag auch in Finnland erfolgen mußte, sobald jener fremde Volkswille in seiner revolutionären Kraft erlahmte. Den Einsichtigen wurde diese traurige Wahrheit bald genug klar. Was in den letzten Jahren vor dem Weltkrieg in Finnland geschah, war nur dazu angetan, denen Recht zu geben, die in die Zukunft ihres Vaterlandes mit düsterer Hoffnungslosigkeit blickten. Im November 1914 endlich erschien das große Finnlandprogramm der russischen Regierung, das die völlige Aufhebung der finnischen Autonomie offen verkündete.

Wer damals in Finnland war, hatte den Eindruck, daß die Nerven des finnischen Volkes dem auf ihnen lastenden Druck nicht mehr gewachsen seien. Eine aus Verzweiflung und Gleichgültigkeit gepaarte Handlungs= unfähigkeit hatte sich der Gemüter bemächtigt. Jeder Glaube an eine

Das Hotel am Imatra (Zu Seite 11)

Die Feste Wiborg

Rettung aus eigener Kraft schien geschwunden. Wie hypnotisiert starrte man nach der einen Richtung, aus der man wie ein Wunder die Be= freiung erhoffte: nach Deutschland. Dieses Wunder ward Wirklichkeit und zum Glück nicht in der von der Ohnmacht erschauten Gestalt eines bloß fremden Geschenks, sondern einer Frucht gemeinsamen Handelns eines be= freundeten Volkes und eigener Söhne des Landes.

Der gesunde Sinn und der durch keine politischen Theorien getrübte Instinkt der Jugend wies den Weg, der zu gehen war. Wie dies geschah, wie aus einer Schar von 2000 jungen Finnländern im Lockstedter Lager bei Altona das Jägerbataillon 27 gebildet ward und wie dieses Bataillon im März 1918 in den finnischen Freiheitskrieg eingriff und dann den militärisch ausgebildeten Kern abgab, aus dem allmählich der kräftige und blühende Baum eines finnischen Heeres unter seinem rasch zum Volkshelden gewordenen Führer, dem General Mannerheim, sich entwickeln sollte, ist eine der wunderbarsten Wegstrecken auf Finnlands langer Wanderung zur Freiheit und Unabhängigkeit.

Daß Deutschland diese Waffenbrüderschaft einging, geschah nicht bloß aus militärisch=strategischen Gründen, die die Weltkriegslage ergab. Die Finnlandexpedition des Grafen v. d. Goltz war weder ein deutscher Er= oberungszug noch ein militärisches Abenteuer. Die Anregung zu ihr ging nicht von Deutschland aus sondern von Finnland. Daß Deutschland mit dieser Expedition auch einen militärischen Vorteil im Weltkriege erstrebte und wohl auch für die Zukunft wirtschaftlichen Nutzen ins Auge faßte, wird kein vernünftiger Mensch bestreiten noch verurteilen. Daß aber diese Expedition zu einem Hilfswerk der Humanität und zu einem Befreiungs= und Rettungswerk für eine dem Untergang geweihte Kultur und Volks= gemeinschaft wurde, ist eine Tatsache, die, nachdem sie einmal voll= bracht, als solche nicht mehr von den Blättern der Geschichte ausgelöscht werden kann.

Auf dem Ehrenfriedhof in Helsingfors erinnern zwei würdige Denk= mäler an die schweren und verlustreichen Kämpfe, in denen Finnländer und Deutsche gekämpft haben zur Befreiung des hartbedrängten Landes vom roten Schrecken.

Dankbar ist das ganze finnische Volk den deutschen Waffengefährten für die treue Hilfe. Möge für alle Zukunft der gute Geist aufrichtiger Freundschaft die beiden Völker vereint halten!

General Gustaf Mannerheim (Zu Seite 22)

Die deutsche Waffenhilfe.

Im Februar 1918 stand ich als Divisionskommandeur in Frankreich am Damenwege. Zum Lesen der Zeitung war wenig Zeit, und doch brachte sie täglich mit dicker Überschrift Artikel über die Not Finnlands und seine Gefahr, seine uralte germanische Kultur vom asiatischen Bol= schewismus ver= nichtet zu sehen. Ärgerlich warf ich die Zeitungen weg, indem ich zu mir murmelte: wer soll diesem unglück= lichen Volke hel= fen, jetzt, wo alle Großmächte um ihr eigenes Dasein kämpfen?

Am 28. Fe= bruar erhielt ich den telefonischen Befehl, mich sofort nach Danzig zu begeben, um das deutsche Finnland= unternehmen zu befehligen. Also meine Truppen sollten die Retter sein!

In Berlin blieb ich acht Tage, verhandelte mit den beiden Zen= tralmarinebehör= den, dem Preu= ßischen Kriegs= ministerium, dem

General Graf R. von der Goltz (Zu Seite 24)

stellvertretenden Generalstab (Geheimrat von Hülsen) und mit dem finnischen Gesandten Staatsrat Hjelt. Mit ihm schloß ich einen Vertrag ab, der das Verhältnis meiner Truppen zur finnischen Bevölkerung klarstellte und die Unterlage dafür gab, daß meine Truppen sich in dem befreundeten Lande mit verschwindenden Ausnahmen hervorragend benommen und dadurch die Liebe der finnischen Bevölkerung erworben haben. Außerdem wurde auf meine Ver= anlassung bestimmt, daß die Bestrafung aller roten Gefangenen den finnischen Gerichtsbehörden überlassen bleiben sollten. Alle Behauptungen von Miß= handlung und Tötung finnischer Roter sind daher böswillige Verleumdungen.

Finnische Skiläufer-Abteilung

Am 8. März übernahm ich die Truppen der neu aufgestellten Ostsee=
division in Danzig: Kavallerie=Schützenregimenter, Jägerbataillone, Gebirgs=
Maschinengewehrabteilungen, Gebirgsartillerie, zwei schwere Batterïen und
eine Eskadron. Außer meinem reichbegabten ersten Generalstabsoffizier

Vormarsch deutscher Truppen auf der Straße Hangö=Helsingfors, Anfang April 1918

Hauptmann Karmann und mir kam alles von der Ostfront und war deshalb zeitweise im Westen entbehrlich.

Am 11. März kam Admiral Meurer von den Aalandinseln zurück und berichtete, daß die von ihm geleitete Besetzung dieser Inselgruppe wohl ihren politischen, aber nicht ihren operativen Zweck erfüllt habe, denn es sei unmöglich, wegen des hohen Packeises, in den Bottnischen Meerbusen weiterzufahren. Infolgedessen mußte ich mich entschließen, weit ab von den Mannerheimschen Truppen an der Südwestecke Finnlands in Hangö zu landen. Für diesen Zweck aber mußte eine neue Fahrtrinne von Minen freigemacht werden. Infolgedessen konnte die Abfahrt von Danzig erst am Ostersonntagmorgen bei strahlender Frühjahrssonne erfolgen.

Es war ein stolzer Anblick, als 50 deutsche Schiffe unter Führung unserer herrlichen deutschen Kriegsflotte am 3. April beim Morgengrauen vor der Reede von Hangö erschienen. Nach kurzem Feuergefecht gelang die Landung, und noch an demselben Abend wurden die wichtigen Brücken bei Ekenäs in Besitz genommen. In Hangö sowie in Ekenäs wurden wir begeistert empfangen, Feldgottesdienste, Gesänge, Ansprachen der Stadthäupter zeigten die Dankbarkeit der Bevölkerung, aber auch das, was sie durchgemacht hatte.

Bei Karis kam es am 5. und 6. April zum ersten Gefecht. Aber es gelang, die roten Truppen, die auf drei Eisenbahnstrecken an diesem wichtigen Eisenbahnknotenpunkt zusammengeführt waren, zum Rückzug zu zwingen und dann in Gewaltmärschen am 8. Tage nach der Landung vor den starken Befestigungen von Helsingfors anzukommen.

Die Operation war deshalb so schwierig, weil die Wege durch die Schneeschmelze fast ungangbar waren und weil der ganze Nachschub auf der Eisenbahnstrecke mit Pferdebetrieb nachgeführt werden mußte. Denn der feindliche Führer hatte in richtiger Erkenntnis, daß der Feldzug in Finnland ein Kampf um die Eisenbahn war, alle Lokomotiven fortführen lassen.

Am 11. April vormittags erkundeten meine allmählich eintreffenden Infanterie- und Artillerieführer die Möglichkeit, trotz geringer schwerer Artillerie und fehlender Flieger die Hindernisse der ersten feindlichen Stellung zu überwinden. Da erschien ein Kraftwagen aus der Hauptstadt und brachte Abgesandte der roten Führung, die wegen Übergabe der Festung verhandeln wollten.

Natürlich waren sie mir hochwillkommen. Denn der Erfolg eines Angriffs war im hohen Grade zweifelhaft. Aber gerade deshalb gab ich ihnen nur zwei Stunden Bedenkzeit, „sonst würde die Festung mit der ganzen Kraft des ruhmreichen deutschen Heeres angegriffen werden".

Daraufhin haben die roten Führer einen Kriegsrat abgehalten, in dem sie sich aber nicht einigen konnten, und daher gelang es mir, gegenüber einer führerlosen Truppe genau zwei Stunden später an einer schwachen Stelle durchzubrechen.

Glücklich über diesen leichten Erfolg eilten meine Truppen der Hauptstadt zu. In dem Vorort Lilla Hoplax wurde mein Auto mit Narzissen

Parade der finnischen Truppen und der Schutzkorps auf dem Senatsplatz in Helfingfors am 16. Mai 1921. (Jährlich am Tage des Einzugs von General Mannerheim findet eine solche Parade statt)

beworfen. Gleich darauf aber geriet ich, bei der Infanteriespitze angekommen, in einen ernsten Feuerüberfall, so daß der Angriff auf den nächsten Tag verschoben werden mußte. Zwar kamen wir an diesem 12. April durch die zweite Stellung unter dem Schutz von Nebel wiederum hindurch, aber dann gab es in dem felsigen Waldgelände schwere Kämpfe, die erst gegen Abend durch Umgehung des feindlichen linken Flügels zu unseren Gunsten entschieden wurden, so daß der größere Teil der Hauptstadt bei sinkender Abendsonne in unsere Gewalt kam. Kämpfe mit feindlichen Panzerautos mit Maschinengewehren in den Straßen von Helsingfors werden den deutschen Finnlandkämpfern stets in ernster Erinnerung bleiben.

Nachdem die Stadt am 13. April gesäubert war, erfolgte am Tage darauf feierlicher Einzug, an dem sich aber die von Admiral Meurer be= fehligte tapfere deutsche Marine, deren Verdienst die Eroberung des Hafen= viertels ist, nicht beteiligen konnte, weil sie noch immer im ernsten Gefecht stand. So gaben die Marine=Artillerieschüsse eine eigenartige Begleit= musik ab zu dem gewagten Einmarsch der deutschen Landtruppen. Er hatte aber den Erfolg, daß die Roten eingeschüchtert wurden, die von jetzt an jeden Widerstand aufgaben. Unbeschreiblicher Jubel einer viel= tausendköpfigen Menge zwang mich am Nachmittag immer wieder, mich auf dem Balkon meines Stabsquartiers zu zeigen, auf dem mir Hochs auf Kaiser Wilhelm, Deutschland, mich und meine Truppen entgegen= schallten.

Dieser endlose Jubel eines befreiten Volkes war nicht nur ein schöner Lohn für die Befreiungstat, sondern auch der Beweis für das, was die Bevölkerung durchgemacht hatte.

Acht Tage später wurde der Vormarsch nach Norden fortgesetzt, und nach kurzen Kämpfen fielen die Eisenbahnknotenpunkte Hyvinkää—Riihimäki und die Stadt Tavastehus in deutsche Hand, während schon kurz vorher die mir unterstellte Landungsabteilung des Generals von Brandenstein von Reval und Lovisa aus Lahti kämpfend in ihre Hand genommen und gegen schwere feindliche Angriffe tapfer gehalten hatte.

Durch die Einnahme von Helsingfors hatten wir die eine Basis der feindlichen roten Armee erobert, durch die Unterbrechung der Eisenbahn Tammerfors—Petersburg bis Lahti und Riihimäki die rote Westarmee von ihrer zweiten Basis Petersburg abgeschnitten, so daß sie sich gezwungen sah, sich durchzuschlagen. Schwere rote Angriffe sowohl bei Lahti wie bei Syrjäntaka gegen die deutschen Truppen brachten diese zeitweise in äußerst schwierige Lage.

Doch ich zog von allen Seiten Verstärkungen heran, ging dann in 5 kleinen Kolonnen gegen die auf den Straßen nach Lahti zurückflutenden Massen von Süden her vor, und am 2. Mai mußten nach schweren Kämpfen die Reste der roten Westarmee im freien Felde die Waffen strecken. Das Hauptverdienst hatte General von Brandenstein.

Inzwischen hatte General Mannerheim mit seinem tapferen finnischen Bauernheer und der stolzen schwedischen Brigade am 6. April Tammerfors genommen, war dann über Nyslott nach Osten abmarschiert und hatte am 29. April die rote Ostarmee bei Wiborg entscheidend geschlagen.

Deutsche und finnische Truppen haben sich gegenseitig in die Hand ge=
arbeitet, und es ist der Stolz der deutschen Ostseedivision und der Ab=
teilung von Brandenstein, daß sie dadurch, daß sie dem Feind in den
Rücken kamen und ihm den Rückzug nach Helsingfors und Petersburg
abschneiden konnten, die Siege des Generals Mannerheim wesentlich
unterstützt haben.

Auf Wunsch der finnischen Regierung ist dann ein Teil meiner
Truppen noch bis Weihnachten 1918 in Finnland geblieben, weil zu
befürchten war, daß nach Abfahrt der deutschen Truppen der rote
Aufstand wieder ausbrechen würde. Wir haben die Zeit benutzt, um
mittels der allgemeinen Wehrpflicht ein finnisches Heer aufzustellen,
den Generalstab und das Kriegsministerium zu organisieren und für
die Verteidigung Finnlands gegen Rußland zur See und zu Lande
die ersten Entwürfe zu machen, so daß bei unserer Abfahrt die finnische
Regierung sich auf ein Friedensheer gegen den äußeren Feind und auf
ein ausgezeichnetes Schutzkorps gegen den inneren Feind stützen konnte.

Wenn Finnland noch heute dem alten Deutschland, das ihm so wirksam geholfen hat, in weiten Kreisen un=verminderte Dank=barkeit bewahrt, so ist das den Waffen=taten der tapferen deutschen Truppen, ihrem anständigen Verhalten während ihres ganzen Auf=enthalts, ihrem Takt und ihrer Pflicht=treue bei der Ausbil=dung der finnischen Truppen und der unbedingten Treue zu ihrem Fahneneid während der deut=schen Revolution zu verdanken.

Wir selbst aber werden es nie ver=gessen, daß gemein=sam vergossenes Blut bei den Kämpfen um die höchsten Kulturgüter und die

Prof. Kaarlo Juho Ståhlberg, Präsident des Freistaates Finnland
(Zu Seite 30)

Seelenverwandtschaft unserer beiden Völker die Finnlandkämpfer für immer zu Freunden des vaterlandsliebenden und jugendkräftigen finnischen Volkes gemacht haben.

6. Dezember 1922. General Graf v. d. Goltz.

Als der finnische Landtag seine Arbeit wieder aufnahm, fehlten die Sozialisten wegen ihrer Teilnahme am Aufruhr mit Ausnahme von einem. Zum Reichsverweser wurde zunächst der Vizepräsident des Senats erwählt, Pehr Evind Svinhufvud, der unter der Regierung Nikolaus' II. nach Sibirien deportiert gewesen war. Ihm folgte im Dezember 1918 General Gustaf Mannerheim. Im März 1919 fanden die Wahlen zum Reichstag statt, der sich im April versammelte und am 17. Juli eine Regierungsform annahm, wonach Finnland zur Republik erklärt wurde, an deren Spitze ein alle sechs Jahre erwählter Präsident steht. Bei der Präsidentenwahl am 25. Juli 1919 wurde dann zum Staatsoberhaupt an Stelle von General Mannerheim der Präsident des Höchsten Verwaltungsgerichts, Prof. Kaarlo Juho Stählberg ausersehen.

Von den Neutralen, die Deutschland im Frühjahr 1923 bei dem völkerrechtswidrigen Ruhreinbruch der imperialistischen und militaristischen Franzosen ihre Sympathie ausgedrückt und moralischen Protest gegen die schmachvolle Vergewaltigung der deutschen Republik eingelegt haben, war das finnische Volk das erste und blieb lange — neben dem schwedischen — das einzige. Hier bewährte sich Treue um Treue.

Denkmal für die im finnischen Befreiungskampf Gefallenen auf dem Ehrenfriedhof in Helsingfors

Land und Stadt.

Landwirtschaft.

Im Anfang des 19. Jahrhunderts wohnten 95 v. H. der Bevölkerung Finnlands auf dem Lande: im Jahre 1910 dagegen 85 v. H. Der Haupterwerbszweig des finnischen Volkes ist deshalb die Landwirtschaft nebst den Gewerben, die mit ihr im Zusammenhang stehen. Von der gesamten ansässigen Bevölkerung (rund 3 Millionen) arbeiteten 1910 in der Landwirtschaft rund 2 Millionen oder 66,3 v. H., in der Industrie 357000 oder 12,2 v. H., in Verkehrswesen und Handel 129000 oder 5,1 v. H.

Da die größte Ausdehnung des Landes von Süd nach Nord verläuft, sind die klimatischen Voraussetzungen für die Landwirtschaft äußerst verschieden in den einzelnen Landesteilen. Auch die Bodenbeschaffenheit bietet eine große Mannigfaltigkeit dar. Lehmboden kommt verhältnismäßig spärlich vor, am häufigsten in Südfinnland und im österbottnischen Flachland. Der am meisten vorkommende Ackerboden ist der Moränensand. Von dem Gesamtareal des Landes dienten der Landwirtschaft im Jahre 1910 rund 2780000 ha oder 8,4 v. H.; davon entfielen auf Acker- und Gartenland 5,6 v. H., auf Wiesen 2,8 v. H. Von der Gesamtfläche des Ackerlandes waren 40 v. H. dem Getreidebau, 41 v. H. dem Anbau von Futterpflanzen und 5 v. H. den Hackfrüchten geweiht, während der Rest brach lag. Vorherrschend im Ackerbau ist die Dreifelderwirtschaft, hier und da auch das Vierfeldersystem mit doppelter Brache. Erst in jüngster Zeit hat die eigentliche Fruchtwechselwirtschaft Eingang gefunden. Der früher wenig gebaute Hafer hat seit Entwicklung der Viehzucht den Roggenanbau um das Doppelte überholt (1910 7 Mill. hl). Der Weizenbau ist gering und nimmt stetig ab. Auch der Anbau der ältesten Getreidepflanze, der Gerste, im Norden die wichtigste Brotfrucht, nimmt allmählich ab (1910 1,7 Mill. hl). Der Kornertrag sämtlicher Getreidepflanzen hatte 1910 einen Wert von 122 Mill. Mark. Er genügte aber bei weitem nicht für die Ernährung der Bevölkerung, es mußte in dem genannten Jahre noch für 100 Mill. Finnmark Getreide eingeführt werden. Da die klimatisch schwierigen Verhältnisse (die unzähligen Sümpfe waren stets Frostnester gefährlichster Art) einem erfolgreichen Getreidebau nicht genügend Sicherheit zu bieten schienen, hat man immer mehr den Anbau von Futterpflanzen bevorzugt und ist in stets wachsendem Umfange zur Viehwirtschaft übergegangen. Steigende Butterpreise und Entwicklung der Molkereitechnik hatten eine rasche Blüte der Milchwirtschaft zur Folge, die im allgemeinen durch Genossenschaften betrieben wird. Im Jahre 1910 betrug die Anzahl Melkkühe 1143000 Stück, von denen jede jährlich im Durchschnitt mindestens 1200 kg Milch lieferte. Den Wert aller aus der Viehzucht gewonnenen Produkte schätzte man 1910 auf rund 188½ Mill. Finnmark. An volljährigen Pferden zählte das Land 1910 rund 300000 Stück. Von den übrigen Haustieren werden nur Schafe in nennenswertem Grade gezüchtet (1910 etwa 1300000 Stück), doch auch diese Zucht ist

Mahlzeit in einer finnischen Bauernstube

eher in Rückgang als in der Weiterentwicklung begriffen, da ihre Ein=
träglichkeit als unsicher gilt.

In lebhaftem Aufblühen ist dagegen der Gemüse= und Obstbau be=
griffen. Den Hauptartikel bilden jedoch noch immer die Beeren verschiedener
Art, und zwar herrschen die Preisel= und andere Waldbeeren vor (1911
für 2 Mill. Finnmark).

Moorkultur.

Finnland ist — besonders im Norden und Osten — reich an Mooren.
Man schätzt deren Gesamtfläche auf rund 100000 qkm. Im allgemeinen
ziehen sie sich den Wasserscheiden entlang und bilden oft ansehnliche
zusammenhängende Moorgebiete (bis zu 10000 ha Ausdehnung). Der
Untergrund besteht in West= und Südfinnland aus Lehm, während im
Osten und Norden der Sandboden vorherrscht. Die Dicke der Moorschicht
steigt bis auf 6 m und mehr; die größte Tiefe, die man mit Sicherheit
festgestellt hat, beträgt 10 m. Zur Förderung der Moorkultur bestehen
vom Staat unterstützte Vereine und Anstalten nebst Versuchsstationen.

Molkereien.

Im Jahre 1911 zählte man 658 Molkereien; davon gehörten 87
Aktiengesellschaften, 211 Privatpersonen und 360 Genossenschaften. Als
Betriebskraft kommt in den meisten Dampfkraft zur Verwendung. Die

Schutrauch gegen Mücken beim Melken

Mehrzahl dieser Molkereien (570) dienten der Butterbereitung, ein geringerer Teil bereitete außerdem auch Käse. Die Butterproduktion der

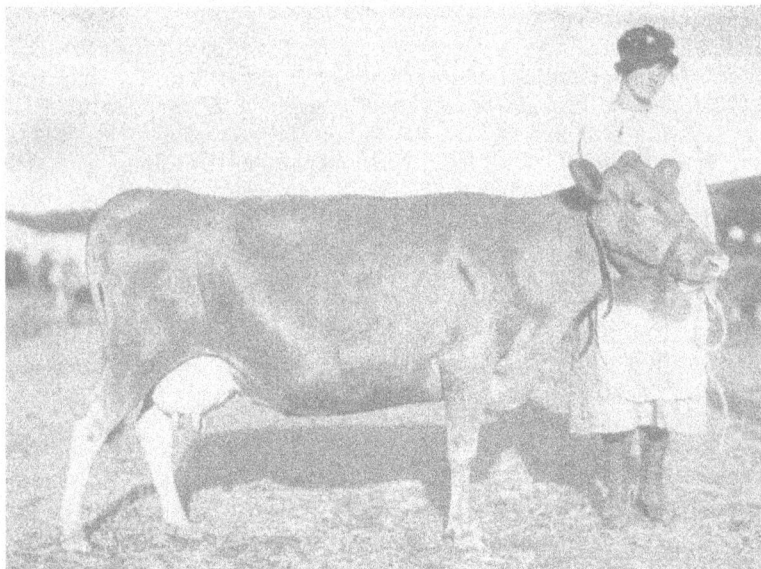

Eine einheimische Rassekuh

Molkereien betrug 1911 12769234 kg, wozu rund 308568181 kg Milch verwandt wurden, die Käse=produktion betrug 1744229 kg. Ins Ausland wurden 1911 ausgeführt: 12351319 kg Butter (vor allem nach England), 993004 kg Käse, 10746000 kg Milch und Sahne

Skifahrer, vom Renntier gezogen

(Käse und Milch vor allem nach Rußland), alles in einem Gesamtwert von 38217000 Mark*). Die für das Ausland bestimmte Butter wird vor der Ausfuhr von einem staatlicherseits unterstützten Butteruntersuchungs=laboratorium und einer damit verbundenen Kontrollstation im Ausfuhr=hafen Hangö auf ihre Beschaffenheit, den Wassergehalt, die Herkunft usw. untersucht, und erst wenn sie die vorgeschriebenen Bedingungen erfüllt, zur Ausfuhr freigegeben.

Waldwirtschaft.

Der größte Reichtum Finnlands sind seine Wälder: von dem ganzen Flächeninhalt des Landes sind rund 47% oder 17 Mill. ha produktiver, 9% oder 3¼ Mill. ha weniger produktiver Waldboden. Etwa 60% des Waldbodens nimmt die Kiefer, 15% die Fichte ein, die sich jedoch auf Kosten des Kiefernwaldes verbreitet, was im allgemeinen auch mit den Birkenwäldern der Fall ist. Es hat verhältnismäßig lange gedauert, bis die Ausfuhr der Waldprodukte einen nennenswerten Umfang annahm. Erst seit der Mitte der achtziger Jahre beginnt diese Ausfuhr zu steigen; ihr Wert betrug damals durchschnittlich 43 Mill. Mark jährlich. Im Jahre 1913 war er auf 300 Mill. Mark gestiegen (73% des Gesamt=ausfuhrwertes). Außerdem lieferten die Wälder für den Verbrauch im Lande selbst in dem letztgenannten Jahr Rohprodukte im Werte von mindestens 150 Mill. Mark. Der größte Teil der Wälder Finnlands oder 12453065 ha gehört dem finnischen Staat, der diese Staatsforsten durch eine Forstbehörde verwalten läßt.

Fischerei.

Den größten Teil der Volksernährung liefert unter den einheimischen Erwerbszweigen der Fischfang, und zwar ist es vor allem der Strömling, der in so vielen Mengen gefangen wird, daß er zu einer Nationalspeise

---

*) Es sind hier stets Finnmark zugrunde gelegt.

geworden ift. Der durchſchnittliche Jahreſertrag des Strömlingsfangs
beträgt 10 Mill. kg. Unter den Salzwaſſerfiſchen liefert nach dem
Strömling die Sprotte die größte Ausbeute. Sie wird vornehmlich nur
an den Küſtenſtrecken zwiſchen Helſingfors und Hangö gefangen. Der
Ertrag iſt außerordentlich wechſelnd (zwiſchen 100000 kg im Jahre 1907
und 250000 kg im Jahre 1904). Im öſtlichen Teil des Finniſchen
Meerbuſens wird in den Wintermonaten außer dem Strömling in großen
Mengen eine Stintart gefangen, zu welchem Zweck ſich die Fiſcher mit
ihren Fanggeräten oft für mehrere Wochen weit hinaus auf das Meereis
begeben. Hierbei geſchieht es manchmal, daß die großen Eismaſſen von
Stürmen auseinander geriſſen und ins offene Meer hinausgetrieben werden.
Faſt jeden Winter geſchieht es, daß Fiſcher auf dieſe Weiſe ihr Leben
einbüßen. Die leckerſten Fiſche in den finniſchen Gewäſſern ſind der
Lachs und die Forelle, die beide ſowohl im Meer wie auch in den
Flüſſen gefangen werden. Nach der ſeit mehreren Jahrzehnten ge=
führten Statiſtik nimmt leider der Ertrag dieſer beiden Fiſcharten ſtändig
ab. (Er ſank von 550000 kg im Jahre 1880 auf 236000 kg im
Jahre 1915.) Auch der ſowohl im Salz= wie auch im Süßwaſſer ſehr
reichlich vorkommende Schnäpel iſt in der letzten Zeit in der Abnahme
begriffen. Barſch, Hecht, Äſche kommen überall im Lande vor, während
Brachſen und Zander nur in den mittleren und ſüdlichen Teilen des
Landes ihre beſonderen Verbreitungsgebiete haben. Der im mexikaniſchen
Golf laichende Aal kommt erſt in erwachſenem Zuſtande, etwa 40 cm

Renntierkarawane in Enare

Holzflößer

lang, nach Finnland und wird gleich den Flundern und Steinbutten an den Meeresküsten gefischt.

Die früher sehr bedeutende Krebsfischerei (noch 1906 betrug die Aus= fuhr 12 1/2 Mill. Stück) ist infolge der um die Jahrhundertwende auch nach Finnland gedrungenen Krebspest sehr zurückgegangen. (1907 wurden nur 0,2 Mill. Stück ausgeführt.)

Verkehr.

Der Bau von Landstraßen ist in Finnland verhältnismäßig langsam vor sich gegangen, weil einerseits bei sehr großer Ausdehnung des Landes die Dichtigkeit der Bevölkerung äußerst gering ist, anderseits das weit= verzweigte See= und Flußnetz den Verkehr in der warmen Jahreszeit wesentlich erleichtert, während im Winter zahlreiche Richtwege über die gefrorenen Seen etwa mangelnde Landstraßen ersetzen. Im Verlauf des 19. Jahrhunderts ist jedoch der Bau von Landstraßen systematisch im ganzen Lande betrieben worden, so daß man im Jahre 1910 die Länge der Landstraßen auf 27300 km, die der Dorfwege auf 16500 km schätzte. Bis 1918 oblag die Wegebaupflicht dem Grundbesitz, seit dem genannten Jahre wurde sie dem Staat übertragen. Der Personenverkehr auf den Landstraßen erfolgt mittels der durch Gesetz geregelten Personenpost, zu deren Aufrechterhaltung in einer durchschnittlichen Entfernung von 2 Meilen voneinander Gastherbergen mit vorgeschriebener Anzahl Pferde errichtet sind. (Im Jahre 1910 im ganzen rund 1200.)

Strömlingsfischer in Pojo

Seit dem 31. Januar 1862 besitzt Finnland auch Eisenbahnen. Die erste und lange Zeit einzige Linie verband die Städte Helsingfors und Tavastehus und war etwas über 100 km lang. Erst 8 Jahre später wurde die zweite, die die obige Linie mit St. Petersburg verband, eröffnet. Seit den achtziger Jahren wurde der Eisenbahnbau in beschleunigtem Tempo betrieben. Zunächst verfolgte man den Zweck, das Binnenland mit den Küsten zu verbinden (die sogenannte Savolax= und die Karelische Bahn), dann verband man auch Küstenstädte miteinander (Abo=Bahn). Im Jahre 1922 betrug die Betriebslänge der Staatsbahnen 4162 km, die eine Gesamteinnahme von rund 550 Mill. Mark brachten (Netto= gewinn etwa 130 Mill. Mk.). Außerdem befinden sich in Finnland 296 km Privatbahnen.

Das Postwesen hat sich in modernem Sinn erst spät entwickelt. Landbriefträger sind seit 1890 tätig. Erst in den letzten Jahrzehnten des vergangenen Jahrhunderts begannen die Einnahmen regelmäßig die Ausgaben zu übersteigen (1896 Gewinn 384000 Mark, 1912 1212500 Mark). Außer Zeitungen beförderte die finnische Post:

1881	4364	Sendungen oder auf den Einwohner:				
1890	10674	„	„	„	„	3,3
1900	22974	„	„	„	„	6,2
1913	58097	„	„	„	„	10,8

Kanäle. Die weitverzweigten und zum großen Teil miteinander in Verbindung stehenden Seen Finnlands entsenden wohl eine Reihe

großer Flüsse ins Meer, aber keiner dieser Flüsse ist schiffbar. Infolge=
dessen machte sich bereits früh das Bedürfnis geltend, durch einen Kanal
vor allem das gewaltige Wassersystem des Saima mit dem Finnischen
Meerbusen zu verbinden. Dieser Wunsch wurde um die Mitte des ver=
flossenen Jahrhunderts durch den Bau des Saima=Kanals verwirklicht.
Er beginnt in seinem oberen Lauf einige Kilometer östlich von der Stadt
Willmanstrand und endet bei Wiborg. Seine Länge beträgt rund 60 km.
Der Höhenunterschied von 76 m wird mittels 28 Schleusen überwunden.
Die Gesamtkosten des Baues betrugen etwas über 14 Mill. Mark. Die
Reineinnahmen wechseln zwischen 300000 und 500000 Mark jährlich.
Außer dem Saima=Kanal hat Finnland noch eine Menge kleinerer Kanäle,
durch welche verschiedene Binnenseen miteinander verbunden werden. Die
Barverzinsung des in diesen Einrichtungen angelegten Kapitals (etwa
30 Mill. Mark) ist sehr gering (nur 1%), aber ihre mittelbare wirt=
schaftliche Bedeutung für das Land ist um so größer.

Die großen Städte. Städte mit geordneter Verwaltung gibt es
in Finnland erst seit Anfang des 14. Jahrhunderts. Von den 38 Städten
zählt nur eine, Helsingfors, über 100000 Einwohner und nur drei (Åbo,
Tammerfors, Wiborg) etwa 50000 Einwohner. Alle übrigen sind be=
deutend kleiner.

Seit 1812 ist Hel=
singfors (finn. Helsinki)
die Hauptstadt des Lan=
des. Die architektonische
Ausgestaltung, die es
damals durch den aus
Deutschland geboren
J. C. L. Engel erhielt,
verleiht noch heute dem
Mittelpunkt der Stadt
ihren vorherrschend klassi=
zistischen Charakter. Hel=
singfors besitzt mehrere
geschützte und geräumige
Häfen. Auf mehreren In=
seln vor der Stadt liegt
die von dem Schweden
Augustin Ehrenswärd
(1749) angelegte Festung
Sveaborg. Nachdem 1827
eine Feuersbrunst große
Teile der alten Haupt=
stadt Åbo vernichtet hatte,
wurde auch die Universität
nach Helsingfors verlegt.

Ein Seelachs von 15 Kilo aus dem Patsjoki

Seehundjäger im Schären=Eis

Außer der Universität hat Helsingfors eine technische Hochschule und eine finnische Handelshochschule. Die Universitätsbibliothek zählt rund 400000 Bände. Die archäologischen und kulturhistorischen Sammlungen des Staates werden im Nationalmuseum aufbewahrt, die Kunstsammlungen im Gebäude des Athenäums. Der Handel von Helsingfors ist hauptsächlich Einfuhr (1913 150 Mill. Mark oder 30% der Gesamteinfuhr); die Industrie ist sehr bedeutend: im Jahre 1915 gab es hier 273 Fabriken mit 15666 Arbeitern und einem Produktionswert von 139 Mill. Mark.

Abo (finn. Turku) ist eine der ältesten Städte des Landes. Hier befinden sich auch zwei der ältesten historischen Denkmäler des Landes: die um die Mitte des 13. Jahrhunderts erbaute Domkirche und das etwa aus derselben Zeit stammende Schloß, das heute zum Teil als historisches Museum verwandt wird. Abo ist für den Handel von Bedeutung als Winterhafen, der in ununterbrochen regelmäßiger Dampferverbindung mit Stockholm steht. Auch Abo hat eine nicht unbedeutende Industrie: 104 Fabriken mit 5200 Arbeitern. Produktionswert 8 Mill. Mark.

Zu den ältesten Städten Finnlands gehört auch Wiborg (finn. Wiipuri) im nördlichsten Ende einer Bucht des Finnischen Meerbusens, infolge seiner Lage in der Nähe der russischen Grenze ein wichtiger Handelsvermittler zwischen dem Osten und dem Westen, heute auch der bedeutendste militärische Stützpunkt in Ostfinnland. Die bemerkenswerte altertümliche

Burg wurde 1293 von dem schwedischen Marschall Torgils Knutßon als Schutz gegen die Nowgoroder erbaut.

Nach Helsingfors die bedeutendste Industriestadt Finnlands ist Tammerfors (finn. Tampere) („Finnlands Manchester"), 1779 an den Stromschnellen zwischen den Seen Näsijärvi und Pyhäjärvi gegründet. Kaiser Alexander I. verlieh 1821 der Stadt die Privilegien der zollfreien Einfuhr von Maschinen und Rohstoffen. Die Folge war ein rasches Aufblühen der Stadt: 1913 besaß sie 110 Fabriken mit rund 10000 Arbeitern und einem Produktionswert von 110 Mill. Mark.

Von den übrigen Städten Finnlands sind vor allem fünf als bedeutende Handelsstädte zu nennen: an der Küste des Bottnischen Meerbusens die Residenzstädte Wasa (u. a. große Zuckerfabrik) und Uleåborg (Oulu) (u. a. große Lederfabrik), und an der Mündung des Kumo Björneborg (Pori) (u. a. große Sägemühlen), sowie an der Küste des Finnischen Meerbusens Kotka mit großer Holzindustrie, und das als Exporthafen im Winter bedeutende Hangö.

Der Handel.

Der Außenhandel Finnlands hat längst die allgemeinen internationalen Formen angenommen. Die Einfuhr umfaßt heute alle Artikel, welche die Kulturwelt kennt, wogegen die Ausfuhr in der Hauptsache Erzeugnisse, die das eigene Land besitzt und bearbeitet, umfaßt. Unmittelbare Verbindung über See ist nunmehr keine Seltenheit, obschon europäische Handelshäuser noch in bedeutendem Grade Vermittlerdienste leisten. In dieser Beziehung steht das deutsche Handelsvolk an erster Stelle. Als Einfuhrland steht Deutschland gegenwärtig an erster Stelle, als Ausfuhrland an dritter.

Die Handelsbilanz Finnlands ist der Statistik nach immer passiv gewesen, was schon an der Berechnungsart der Werte liegt, da die Ausfuhrwerte „fob" (free on bord, d. h. frachtfrei an Bord) und die Einfuhrwerte „cif" (cost, insurance, freight, d. h. Kosten, Versicherung, Fracht zu Lasten des Verkäufers) berechnet werden. Der Unterschied zwischen diesen Werten ist in Anbetracht der Entfernung Finnlands von den großen Handelszentren bedeutend, für gewöhnlich wenigstens $5\frac{1}{2}\%$, in Zeiten mit hohen Frachtsätzen, wie 1920, noch größer. Diese statistisch nachgewiesene Passivität ist deswegen nicht gleichbedeutend mit einer ständig passiven Zahlungsbilanz. Den Beweis hierfür liefert der Umstand, daß Finnland Anleihen im Auslande vor dem Weltkriege fast nur wegen der Anlage von Eisenbahnen aufnahm.

Einige Beispiele über den Umsatz im auswärtigen Handel sind hier am Platze (in Millionen finnischer Mark):

	Einfuhr	Ausfuhr	Einfuhrüberschuß — Ausfuhrüberschuß +
1901—1905 (Durchschnitt)	250,5	213,3	— 37,2
1906—1910 „	361,5	268,2	— 93,3
1913	495,4	404,8	— 90,6

Renntierherde in Nordfinnland

Mit Segel und Schlittschuhen auf dem Wege von Helsingfors nach Borgå

	Einfuhr	Ausfuhr	Einfuhrüberschuß − Ausfuhrüberschuß +
1914	380,2	285,2	— 95,0
1915	578,4	266,4	— 312,0
1916	962,8	510,6	— 452,2
1917	1 231,9	444,9	— 787,0
1918	504,6	226,8	— 277,8
1919	3 509,9	880,4	—1 629,5
1920	3 626,5	2 926,4	— 700,1
1921	3 585,7	3 389,4	— 196,3
1922	3 953,1	4 461,1	+ 508,0

Diese Tabelle zeigt zuerst, wie der Krieg die Handelsbilanz zerstörte; die Ausfuhr ging stark zurück, weil besonders die Holzwaren nicht zur Versendung kamen. Das Jahr 1918 brachte die Isolierung zum Höhepunkt und drückte den Umsatz ganz herunter. In den zwei folgenden Jahren mußte die Industrie und besonders die Papierindustrie neue Absatzmärkte anstatt der russischen erst suchen; die Einfuhr stieg stark, weil das Land lange eine Menge Verbrauchsartikel, Rohstoffe und Maschinen entbehrt hatte. Die Folge war ein starkes Anschwellen der Handelsschuld an das Ausland. In der zweiten Hälfte von 1920 begann die allgemeine Weltdepression, worunter die Ausfuhr von Holz- und Papierwaren stark litt, setzte in der ersten Hälfte von 1921 fort mit großen Einfuhrüberschüssen als Folge und wich erst im Sommer 1921, als die Holzausfuhr sich stark belebte. Das Jahr 1922 wies dann das glänzende Ergebnis eines Ausfuhrüberschusses von einer halben Milliarde Finnmark auf.

Weiter geht die große Entwertung der finnischen Mark aus der Tabelle hervor, eine Wertverminderung, auf die in dem Abschnitt über Geldwesen näher eingegangen wird. Hier spielt ja auch die Erhöhung der Weltmarktpreise mit. Es mag dabei nur erwähnt werden, daß, wenn man die Zahl 100 für die Preise von 1913 annimmt, der Durchschnitts= preis für die eingeführten Waren im Jahre 1920 1387 und im Jahre 1922 1072 war. Die Ausfuhrindexe waren dabei für 1920 1053 und für 1922 1180. Eine vorteilhafte Tendenz der Preise der Ausfuhr im Verhältnis zu denjenigen der Einfuhr kommt demnach zum Vorschein.

Der Umfang des Warenumsatzes hat nicht mit der Preiserhöhung Schritt halten können. Wenn man die Ein= und Ausfuhr nach den Preisen des Jahres 1913 umrechnet, erhält man folgende Zahlen für den Handel in den letzten Jahren, in Prozenten von dem Umsatz in der ent= sprechenden Zeit 1913.

	Einfuhr	Ausfuhr
1920	52,8 v. H.	68,6 v. H.
1921	54,5 „ „	69,0 „ „
1922	74,4 „ „	93,4 „ „

Die Ausfuhr hat 1922 zeitweise sogar diejenigen von 1913 bereits übertroffen.

Die Hauptgruppen der eingeführten Waren und die Preiszahlen in Millionen Finnmark sind die folgenden:

Bärenjagd in Nordfinnland

	1913	1920	1921	1922
Getreide, Mehl und Grütze . .	99,0	534,2	715,4	703,4
Roggen	11,2	203,9	185,4	228,2
Roggenmehl	36,3	0,4	58,1	47,1
Weizenmehl	33,7	91,8	324,4	306,2
Kolonialwaren	55,3	522,4	683,8	551,5
Kaffee	22,5	107,1	142,3	186,3
Zucker	19,7	284,6	468,7	270,4
Tabak	7,8	109,1	62,0	81,5
Textilrohstoffe	27,5	314,4	249,6	331,1
Baumwolle	16,8	215,4	168,7	188,9
Wolle	5,1	78,2	47,3	93,9
Kleiderstoffe	25,8	191,0	204,7	289,1
Metalle und Metallwaren . .	37,2	520,8	310,0	403,6
Maschinen	33,1	287,6	276,7	203,9
Häute und Felle	22,1	121,9	100,2	153,5
Öle und Fette	13,7	196,9	160,5	177,5
Mineralien und Produkte davon	33,1	156,5	85,2	139,6

Die Zahlen für 1920 und 1921 weichen noch von den normalen ab, weil während dieser Jahre, bis April 1921, einschränkende Bestimmungen für den Außenhandel bestanden. Der Bedarf z. B. an Weizenmehl und Zucker machte sich nach der Freigebung des Handels stark geltend. Früher wurde viel Roggenmehl aus Rußland eingeführt. Nunmehr wird mehr Roggen eingeführt und im Lande selbst vermahlen.

Ganz auffallend ist der Rückgang in der Einfuhr der Gewichtszahlen der ganzen Getreidegruppe. Der Ackerbau ernährt nicht das Volk, und die Getreideeinfuhr entsprach vor dem Kriege ungefähr der Hälfte des Verbrauchs. Bessere Bodenausnutzung, gute Ernten und größere Sparsamkeit im Verbrauch haben hierin eine große Änderung geschaffen. 1910 wurden 434 Millionen kg Getreide und Mehl eingeführt, 1920 127,1 und 1922 220,0 Millionen kg. Es wird hauptsächlich an Getreide als Viehfutter gespart, wodurch aber die Produktion an Milch und Butter sich langsam hebt. Der Preisfall an Zucker ist auffallend: 1921 45350 Tonnen für 486,6 Millionen Mark gegen 59900 Tonnen für 270,4 Millionen Mark in 1922.

Unter den Mineralien verschwand während der Kriegszeit die Steinkohle, wovon im Jahre 1913 576975 Tonnen eingeführt wurden. Erst allmählich kommt sie wieder zur Verwendung; 1920 kamen 89538, 1921 87007 und 1922 243097 Tonnen herein.

Die Ausfuhr verteilt sich auf wenige Zweige; die größten zu bemerkenden Werte — in Millionen Finnmark — sind die folgenden:

	1913	1920	1921	1922
Viehprodukte	43,6	70,4	439,0	453,7
Holzwaren	227,4	1633,4	1529,0	2292,7
Holzmasse, Zellulose, Papier usw.	71,3	1080,7	1127,6	1430,4

Volkstypen aus Kuolajärvi im Norden Finnlands

	1913	1920	1921	1922
Häute, Leder, Felle	12,6	38,2	56,6	76,9
Mineralien (Stein, Glas usw.)	6,2	5,1	16,5	13,7
Teer, Harz usw.	0,8	6,5	10,9	11,2
Streichhölzer	0,006	19,4	21,5	29,2

Von den Viehprodukten nimmt Butter und danach Käse den ersten Platz ein. Die Butterausfuhr betrug im Jahre 1913 12640 Tonnen und hatte 1922 wieder 8334 Tonnen erreicht, ist aber im ständigen Steigen. Nach Schweden ist auch nunmehr viel frisches Fleisch und lebendes Vieh ausgeführt worden. Alle andere überragt weit die Holz= warengruppe, deren Ausfuhr im Jahre 1922 50 % des ganzen Exports ausmachte; die Papierindustrie lieferte 32 %, Nahrungsmittel 10 %. Diese drei Gruppen bildeten also zusammen 93 % des Gesamtwertes der Ausfuhr.

Unter die veredelten Holzwaren fallen Zwirnrollen, die in wachsender Menge hauptsächlich nach England gehen.

Der finnländische Holzteer ist in allen Häfen bekannt. Felle haben sehr hohe Preise in Finnmark dank dem Valutaunterschied in den ausländischen Handelszentren erzielt. An Holzmasse führte Finn= land 1922 51517 Tonnen, Zellulose 183946 Tonnen, Pappe 24690 Tonnen, Papier 192110 Tonnen, ungesägte Holzware 2717027 Kubik= meter, Brennholz 582147 und gesägte Holzware 3850219 Kubik= meter aus.

Der größte Umsatz im Außenhandel wurde mit folgenden Ländern im Jahre 1922 erreicht:

	Einfuhr	Ausfuhr	Totalumſatz
	(Millionen Finnmark)		
1. Großbritannien . . .	852,2	1651,1	2503,3
2. Deutſchland	1315,3	385,4	1700,7
3. Nordamerikas Vereinigte			
Staaten	609,1	291,1	900,2
4. Frankreich	59,1	458,3	517,4
5. Holland	202,1	370,1	572,2
6. Schweden	247,1	290,0	537,1
7. Belgien	96,7	313,0	409,7
8. Dänemark	176,0	215,2	391,2
9. Südamerika	119,5	68,5	188,0

Im großen und ganzen kaufte Finnland Waren von Ländern mit niedriger Valuta und verkaufte ſeine Produkte nach valutaſtarken Ländern.

Auffallend iſt, daß Rußland, welches 1913 noch 28 v. H. von Finn= lands Ausfuhr aufnahm und 28,2 v. H. der Einfuhr abgab, im Jahre 1922 bereits für 139,2 Millionen Finnmark von Finnland kaufte und für 18,6 Millionen Finnmark nach dort verkaufte.

Die Handelskammern.

Die Intereſſen des Handels und der Induſtrie im weiteſten Sinne werden von den Handelskammern wahrgenommen. Finnland iſt in ſieben Handelskammerbezirke geteilt. In jedem haben Anhänger von Handel, Gewerbe und Handwerk Handelskammervereine gebildet, die aus ihrer Mitte die Mitglieder der entſprechenden Handelskammer wählen. Dieſe beſtehen erſt ſeit 1918. Es ſind je eine nach Helſingfors (Helſinki), Abo (Turku), Waſa, Oulu (Uleåborg), Tammerfors (Tampere), Kuopio und Wiborg (Wiipuri) verlegt. Die Handelskammern haben eine halboffizielle Stellung, indem ſie den Handel und das Gewerbe bei den Staatsinſtitutionen vertreten und von dieſen über ihre Anſicht über die das Wirtſchaftsleben betreffende Geſetzgebung befragt werden.

Einzig in Europa iſt die Zentralhandelskammer in Helſingfors, zu welcher die Handelskammern eine beſtimmte Anzahl — gegenwärtig 5 — Mitglieder aus ihrer Mitte wählen. Die Zentralhandelskammer iſt das Zentralorgan der ganzen Handelskammerorganiſation, und ihre Gutachten haben große Bedeutung für Geſetzgebung und Wirtſchaftsleben.

Die Handelsflotte.

Die folgenden Zahlen geben ein Bild von der Größe und Be= deutung der finnländiſchen Handelsflotte am 1. Januar 1922:

Dampferanzahl	781	Raumgehalt	92 031,60	Nettoregiſtertonnen
Motorſchiffe . .	124	„	18 649,10	„ „
Segelſchiffe . .	683	„	102 111,41	„ „
Prahmen . . .	3229	„	274 004,56	„ „

Summe: Anzahl 4817   Raumgehalt 486 796,76 Nettoregiſtertonnen.

Der Eisbrecher „Sampo" im Hafen von Helsingfors

Die Segelflotte verteilt sich auf eine bedeutende Anzahl kleinerer Reedereien, von welchen die größten 3040—5000 Tonnen Brutto-Raumgehalt besitzen.

Ungeachtet der durchschnittlich unbedeutenden Größe der Schiffe hat die Handelsflotte doch eine nicht zu unterschätzende Bedeutung für das Wirtschaftsleben des Landes durch die vom Auslande stammenden Einnahmen, die eine ausgleichende Wirkung auf die Handelsbilanz ausüben. Die nachstehende Aufstellung enthält die Ziffern für das Jahr 1921.

Inländischer Verkehr . . . . . . Bruttoertrag 98 284 123,84 Fmk
Gemischter in- und ausländischer Verkehr „ 209 158 846,51 „
Auslandsverkehr . . . . . . „ 11 171 223,58 „

Summa Bruttoertrag 318 614 193,39 Fmk.

Das Jahr 1921 war für die Schiffahrt jedoch ein ausnahmsweise schlechtes. Der Bruttoertrag für 1920 wurde mit 447 313 615 Fmk. berechnet. Ein Normalgewinn dürfte bei der jetzigen Tonnage zwischen diesen beiden Zahlen liegen.

Die alle überragende größte Dampfergesellschaft ist die finnische Dampfschiffs=Gesellschaft (Finska Ångfartygs Aktiebolaget), welche 29 Dampfer mit einem Raumgehalt von 30851 Tonnen Brutto oder 18218 Tonnen Netto besitzt; sie hat einige kleinere Gesellschaften übernommen und kontrolliert auch die nächstgrößte, die Wasa Nordsee D. G. (Wasa=Nordsjö Ångfartygs A. B.) mit deren sieben Dampfern von insgesamt 6788 Tonnen Brutto oder 3717 Nettotonnen Raumgehalt.

Die finnische Handelsflagge zeigt ein blaues vertikales Kreuz auf weißem Grund. Unter ihr laufen Dampfer im regelmäßigen Verkehr auf mehreren Linien, zwischen Heimat und Ausland. Die wichtigsten sind:

1. Für Fracht und Passagiere: Helsingfors—Reval, Helsingfors—Riga, Helsingfors—Reval—Stettin, Hesingfors—Lübeck, Helsingfors—Hangö — Stockholm, Helsingfors — Hangö — Kopenhagen und Helsingfors—Hangö durch den Kieler Kanal nach Hull, Abo—Lübeck, Abo—Stockholm, Abo — Kopenhagen—Hull.

2. Für Fracht: von Südfinnland nach Nord-England, nach London, nach nordfranzösischen Häfen über Rotterdam und Antwerpen.

Der einheimische Passagierverkehr ist sehr rege. Es gab im Jahre 1920 44 Küstenlinien und 112 Linien auf den Gewässern des Inlandes.

Die Häfen sind sehr zahlreich und haben fast alle durch vorgelagerte Inseln gut geschützte Reeden. Nur in den Häfen von Hangö (Hanko) und Mäntyluoto bei Pori (Björneborg) mußten künstliche Wellenbrecher zum Schutz des Hafens gebaut werden. Die obige Liste führt alle Fahrzeuge von 19 Tonnen Raumgehalt aufwärts auf. Ein großer Teil der Segler und Dampfer sorgt nur für den Binnensee- und Küstenverkehr. Von den Motorschiffen erreicht ein einziges 1000 Bruttoregistertonnen (882 Nettoregistertonnen), von den Dampfern nur wenige 3000 Tonnen. Die überraschend große Anzahl der Pramen ist von den Holztransporten auf Binnenseen bedingt; Besitzer sind meistens die Sägereifirmen. Die Zahl der bei der Flotte angestellten Personen belief sich Anfang 1922 auf rund 10000 Personen.

Den an Anlegeplatz und Lagerraum bedeutendsten Hafen hat die Hauptstadt Helsingfors (Helsinki). Dort befinden sich auch die größten Hellinge zur Aufnahme von reparationsbedürftigen Fahrzeugen und das einzige Dock des Landes. Von den übrigen Häfen haben die größte Bedeutung für den Auslandverkehr Hangö (Hanko), Abo (Turku), Wiborg (Wiipuri), Kotka, Nystadt (Usikaupunki), Björneborg (Pori), Raumo, Wasa und Uleåborg (Oulu). Zum Winter frieren die Häfen, von Norden und Osten beginnend, allmählich zu. Eisbrecher verkürzen zwar die Verkehrsunterbrechung, ziehen sich aber allmählich zurück zu den Häfen in Süd und Süd-West. Schließlich kann der Verkehr nur in Abo und Hangö ununterbrochen aufrechterhalten werden. Hangö ist der ständige Ausfuhrhafen für die Butter, die regelmäßig nach England geht, und gewinnt zum Winter die größte Bedeutung, weil dort an der Südspitze des Landes die Eishindernisse sich am wenigsten geltend machen und eine gelegentliche Eisblockade mit den großen Eisbrechern des Staates immer überwunden werden kann. Ein Freihafen wird gegenwärtig in Hangö gebaut.

Die Industrie.

Die Industrie Finnlands hat sich trotz schlechter Vorbedingungen auf einigen Gebieten zu einer nicht zu unterschätzenden Höhe aufgearbeitet, obwohl das Land alles andere als ein Industrieland geworden ist. Auf den Kopf der Bevölkerung betrug der Produktionswert der Industrie im

Jahre 1920 gegen 2000 Finn=
mark. Bei der schwankenden
Valuta ist ein Vergleich mit
anderen Ländern schwer. Im
Jahre 1914 war diese Zahl
Finnmark 172 z. B. Finn=
mark 500 in Schweden. Es
mangelt in Finnland völlig
an Steinkohle, die Metalle
kommen sehr spärlich vor. Als
Kraftquellen haben zwar die
unzähligen Stromschnellen eine
große Bedeutung, aber diese
wird oft überschätzt. Man be=
rechnet die Gesamtkraftmenge
der Wasserschnellen in Süd=
finnland bis nach Oulu (Uleå=
borg) hinauf auf 2,5 Millionen
nützliche Turbinen=Pferdestär=
ken. Von denen waren 1920
323 600 PS in Betrieb genom=
men oder 45 v. H. des ganzen
Kraftaufwandes der Industrie.
Große Wasserkraftanlagen wer=
den gegenwärtig vom Staate
bei Imatra gebaut; sie werden
die Aufgabe haben, elektrische
Kraft für Eisenbahnen und
Fabriken in großer Ausdehnung
zu liefern. Das Brennholz
kann in beträchtlichem Grade
die Kohle, die während des
Weltkrieges ganz verschwand,
ersetzen, aber bei gewissen Be=
trieben stellt sich die Kohle
vorteilhafter als das Holz.
Die unendlichen Moore liefern
Brenntorf, der bei einer mehr
entwickelten Technik eine be=
deutende Kraftquelle ausmachen
wird.

Gegen die Entwicklung
der Industrie spricht auch die
Entfernung des Landes von
den Weltmärkten, was beson=
ders seit der Ausscheidung
Rußlands als Abnehmer ins

Höcker, Finnland

4

Hafenansicht von Helsingfors (Zu Seite 48)

Die Universitätsbibliothek in Helsingfors. Erbaut von K. L. Engel (Zu Seite 80)

Auge fällt, weiter die im Winter durch Eisverhältnisse entstehenden Ver=
kehrsschwierigkeiten und die Kapitalarmut des Landes. Man spricht oft
von sogenannten „natürlichen Industrien". Als solche würden für Finn=
land die auf den einheimischen, unendlich reich vorkommenden Rohstoff
— das Holz — bauenden und zur gewaltigen Entwicklung gelangten
Holz= und Papierindustrien in Betracht kommen. Aber „natürlich" sind
alle Industrien, welche gedeihen, wenn die Herstellungskosten mit denen
anderer Länder die Konkurrenz aushalten. Bei sehr mäßigem Zollschutz
hat z. B. die Textilindustrie sich sehr kräftig in Finnland entwickelt, und
für einheimischen Bedarf, z. B. an Ackerbaumaschinen und Gerätschaften,
bedeutet die mechanische Industrie schon viel.

Die Industrie Finnlands verdient immerhin eine Untersuchung im
Lichte der Statistik. Hier geben wir die Zahlen für 1920 an, die zum
Zeitpunkt der Herstellung dieses Buches erscheinen. Man muß jedoch dabei
in Betracht ziehen, daß nach dem Ausfall Rußlands als Absatzland einige
Zweige noch nicht auf ihre frühere Höhe durch Lieferung nach anderen
Ländern gekommen sind. Einen Überblick gewährt die folgende Tabelle:

	In d. Städten	a. d. Lande	insgesamt
Arbeitsplätze	1 512	1 409	2 921
Anzahl Arbeiter im Jahresdurchschnitt	59 342	57 888	117 230
Andere Angestellte	5 978	3 667	9 645
Triebkraft in nützlichen P S. . . .	96 408	200 009	296 417
Produktionswert in Mill. Finnmark	3 284	2 884	6 168

Für den Gesundheitszustand der Industriebevölkerung hat es eine
große Bedeutung, daß ungefähr die Hälfte derselben auf dem Lande wohnt.
Bei dem geringen Alter der Industrie ist die Mehrzahl der jetzigen Arbeiter

aus Landhäusern in die Fabriken gekommen, die Kluft zwischen Landwirt=
schaft und Industrie, zwischen Stadt und Land, hat sich deswegen noch
nicht sehr weit aufgetan. Eine bedeutende Zahl der Großindustrien treibt
außerdem Landwirtschaft in großem Umfang, so daß ihre Fabrikarbeiter
noch in naher Fühlung mit der Landwirtschaft leben.

Einige Gewerbezweige verdienen eine nähere Beleuchtung.

Die anspruchslose Stellung des Bergbaus hängt mit dem geringen
Vorkommen von Erzen zusammen. Von Eisenerzen werden die See=Erze
zwar auf viele Millionen Tonnen geschätzt, aber deren Ausbeutung ist
wegen geringen Eisengehalts und der Mischung mit Sand und Schlamm
wenig ergiebig. Bergeisenerze sind wohl sehr verbreitet, aber sie liegen
entweder sehr tief oder von Verkehrswegen weit entfernt. Viele Gruben
sind verlassen worden, andere harren auf Kapital und Eisenbahnen. Das
wertvollste Grubengebiet ist das Kupferlager Outokumpu, nordwestlich von
der Stadt Joensuu, mit einer Länge von mindestens 1200 Meter und
bis 9 Meter Mächtigkeit. Die Lagerstelle wurde 1909 gefunden, gehört
je zur Hälfte dem Staat und der Firma Hackmann & Comp. in Wiborg
und wird von diesen beiden unter der Firma Outokumpu Aktiengesell=
schaft ausgebeutet. Das Erz enthält 4,5% Kupfer, 1,5% Zink und
27% Schwefel. Außer dem in elektrolytischem Verfahren gewonnenen
Kupfer wird Schwefelerz an die Schwefelsäurefabriken der einheimischen
Zellstoffabriken und an die Schwefelsäurefabrik des Staates in Lappeen=

Die Nikolaikirche in Helsingfors, nach den Plänen von K. L. Engel erbaut (Zu Seite 80)

4*

ranta (Willmanstrand) geliefert und auch exportiert. Durch Zuführung von genügendem Kapital kann diesem Kupferwerk eine große Zukunft bereitet werden.

Die Eisenindustrie arbeitet mit meistens ausländischem Rohmaterial — See-Erz und Holzkohle ausgenommen. Die mechanische Industrie gelangte zu einer verhältnismäßig starken Entwickelung durch Staats= bestellungen aus Rußland, dies besonders während des Japanischen und des Weltkrieges, hat aber schwer sich jetzt zu erheben. Es werden allerlei Kraftmaschinen, auch Eisenbahnwagen und Lokomotiven hergestellt sowie Kesselarbeiten ausgeführt, und besonders die Landwirtschaft nimmt einen großen Teil der Erzeugnisse der Fabriken auf.

Die Steinindustrie könnte eine große Ausfuhr aufweisen, dank der anderwärts geschilderten geologischen Struktur des Landes, würden nicht die Entfernungen zu den Weltmärkten den Transport des schweren Materials allzusehr verteuern. Rußland nahm früher viel an Pflasterstein, Baustein und Monumenten auf. Diese Produkte gehen jetzt auch weit hinaus nach anderen Ländern; besonders hat der graue und der rote Granit Absatz in England und Westeuropa, aber auch in Afrika, Amerika und Australien gefunden. Die Valutaverhältnisse haben ebenfalls eine Ausfuhr der Ton=, Porzellan= und Glasindustrie jüngst begünstigt;

Gedeckter Innenhof der ‚Börs‘ (Restaurant und Klubhaus) in Helsingfors. Erbaut von Lars Sonck
(Zu Seite 88)

Brunnen auf dem Marktplatz zu Helsingfors. Skulptur von Wille Wallgren

das Rohmaterial wird meistens vom Auslande bezogen, aber die ein=
heimischen Brennstoffe — Holz und Torf — erleichtern doch die Kon=
kurrenz. Finnländischer Zement hat in den letzten Jahren bei Zuziehung
ausländischer Kohle und Ausnutzung der Kalkberge im Südwesten Finn=
lands den ausländischen Zement fast verdrängt und beginnt ebenfalls ein
Ausfuhrartikel zu werden.

Die amtliche Statistik Finnlands begrenzt das Gebiet der chemischen
Industrie, indem sie viele Produkte, welche in anderen Ländern hier ein=
bezogen werden, anderen Gruppen zuteilt. In der Gruppe der chemischen
Präparate bleiben also hauptsächlich die technochemischen Produkte, deren
Fabrikation stark gewachsen ist, und die Streichholzindustrie, die dank dem
Reichtum an Espenwäldern sehr blüht und viel ausführt. Die Kerzen=,
Seifen=, Ölfarben= und Firnisfabriken bilden in der Statistik eine Gruppe
mit den Teer= und Terpentinfabriken, deren Produkte längst auf dem
Weltmarkt bekannt sind.

Im Jahre 1922 begann schließlich die Schwefelsäurefabrik des
Staates in Willmanstrand ihre Tätigkeit; sie erhält das Schwefelerz aus
Outokumpu und liefert die Säure hauptsächlich an die Superphosphat=
fabrik des Staates in Kotka, die das Rohphosphat aus Nordafrika oder
Nordamerika bezieht. Das erstere Werk kann jährlich 10000 Tonnen
arsenikfreie 60° Schwefelsäure erzeugen, das letztere soll mit einer Jahres=
erzeugung von 20000 Tonnen Superphosphat beginnen, aber kann, ohne
Vergrößerung der maschinellen Anlage, diese bis auf 60000 Tonnen
bringen.

Durch einen erhöhten Zollschutz schießt die Leder= und Schuh=
industrie in die Höhe und hat ihre Erzeugnisse zu guter Qualität
gebracht; die ausländische Konkurrenz ist dadurch größtenteils ausge=
schaltet.

Das finnische Nationaltheater in Helsingfors (Zu Seite 94)

In sehr blühendem Zustande befindet sich die Textilindustrie, die den Bedarf des Landes an fast allen einfacheren Waren befriedigt. Die einzige Leinenfabrik — in Tammerfors — ist ein altes, solides Unternehmen, welches die Flachskultur in den letzten Jahren wieder zur Blüte gebracht hat; die fünf Baumwollspinnereien und Webereien, wovon zwei in Tammerfors und je eine in Åbo, Wasa und Forßa, gehören zu den bestverzinsenden Werken des Landes. Die Wollenindustrie hat dagegen schwerer mit der ausländischen Konkurrenz zu kämpfen. Eine Menge Spezialindustrien, wie Trikotage-, Filz-, Watten-, Hut-, Kleiderfabriken usw. reihen sich hier an.

An erster Stelle durch den Erzeugungswert steht die Papierindustrie. Hier kommt der einheimische Rohstoff, das Holz, zu weitgehender Veredelung. Für das Jahr 1920 galten die folgenden Zahlen:

	Arbeiterzahl	Andere Angestellte	Maschinenkraft	Produktionswert (in 1000 Fmk.)
47 Holzschleifereien und Kartonfabriken (33 + 14)*) . . .	3150	176	67043	217321
20 Zellstoffabriken (19 + 9) . .	4289	221	17287	370595
28 Papierfabriken (29)	5074	389	35715	558141

*) Die Zahlen in den Klammern geben die Anzahl der Fabriken im Jahre 1922 an.

Die Produktion kann bis auf 225000 Tonnen Holzmasse und Karton, 230000 Tonnen Zellulose und 240000 Tonnen Papier gesteigert werden. Über die Ausfuhrwerte wird unter dem Abschnitt „Handel" Näheres an= gegeben. — Zu der Gruppe gehören noch die Buchbindereien, Tapeten=, Briefbogen, Düten= und Papierveredelungsfabriken.

Durch ihre Bedeutung für die Handelsbilanz mit dem Auslande rückt die Holzindustrie an die erste Stelle. Die 389 kleineren und größeren Sägewerke und Hobeleien beschäftigten im Jahre 1920 22999 Arbeiter und 1048 andere Angestellte, verbrauchten 46934 Pferde= kräfte und erzeugten Holzwaren für 796415800 Finnmark. 7 Fanér= fabriken brachten für 43 Millionen Finnmark Ware hervor. Zu den mehr veredelten Produkten gehören u. a. Zwirnrollen, die hauptsächlich nach England gehen.

In der Gruppe der Nahrungs= und Genußmittel stehen die stark entwickelte Tabakindustrie und die Zuckerraffinerien, welch letztere alle einer Gesellschaft gehören.

Kirche in Sornas bei Helsingfors. Architekt Lars Sonck (Zu Seite 82)

Die elektrische Industrie beginnt sich einheimisch zu machen, trotz der überwältigenden Konkurrenz des Auslandes. Für größere Maschinen gibt es bereits eine Fabrik in Helsingfors. Zwei Kabelwerke sind in Betrieb. Die fast überall vorhandene Wasserkraft fördert die Elektrifizierung des Landes in hohem Grade, und der Industrie der Kraftüberführung steht eine große Zukunft vor.

Das Hausgewerbe wird durch eine Menge Vereine stark gefördert, und Finnland kann schließlich ein ganz eigenartiges Kunstgewerbe aufweisen.

Geld= und Kreditwesen. Staatsfinanzen.

Nach der Vereinigung mit Rußland 1809 waren anfangs schwedische und russische Münzen in Finnland gangbar. Seit 1865 hat Finnland sein eigenes nationales Münzwesen, und 1877 ging das Land zur Goldwährung über durch Anschluß an die lateinische Münzkonvention. Die finnländische Goldmark, gleich 100 Penni, hat also den Pariwert des Goldfranken.

Das ausschließliche Recht, Geldscheine zu drucken, hat die Reichsbank (Suomen Pankki — Finnlands Bank), die seit 1840 unter diesem Namen als ein selbständiges Geldinstitut besteht; sie steht seit 1868 unter der Kontrolle und Verantwortung des Reichstags. Die Organisationen der Bank erstrecken sich auf die meisten Gebiete der Handelsbanken, aber ihre Hauptbedeutung hat sie als Regulator des Geld= und Kreditwesens.

Früher hatte Finnlands Bank nur das Recht, für 40 Millionen Mark mehr Scheine als die Goldreserve und mit Gold gleichwertigen Guthaben im Auslande zu drucken. Diese Bestimmungen hat man während des Krieges leider aufheben müssen. Die russische Regierung nötigte während des Krieges der Bank große Beträge in Rubeln und auf Rubel lautende Obligationen zum Zwangskurs auf, und diese russischen Bestände sind später wertlos geworden. Nach dem Aufruhr 1918 war die Regierung gezwungen, große Anleihen bei der Bank aufzunehmen, bis daß die Staatsfinanzen nach der Einführung neuer Steuern wieder in Ordnung gebracht wurden. Infolge dieser Umstände schwoll der Notenumlauf mächtig an, wie die folgenden Zahlen zeigen. Der Notenumlauf war 1914 als Höchstzahl 148,2 und als Mindestzahl 110,3 Millionen Finnmark. Im Jahre 1922 war der durchschnittliche Notenumlauf 1374,0 Millionen Finnmark. Während des Krieges wurden zur Notendeckung finnländische Staatsobligationen mitgerechnet. Diesem ist ein Ende gemacht durch das Gesetz vom 30. Dezember 1921.

Nunmehr ist Finnlands Bank von den Staatsfinanzen unabhängig geworden, und der Notenumlauf richtet sich nach dem vom wirtschaftlichen Verkehr bedingten Bedarf.

Die große Umwälzung, welche Krieg, Revolution und Weltkrisen im Wirtschaftsleben Finnlands hervorgerufen hatten, kommt u. a. zum Vorschein in der Kurslage der Finnmark. Die folgende Tabelle zeigt den Preis in Finnmark, welcher für einen Dollar bezahlt worden ist in den letzten

acht Jahren. Die
Zahlen sind Durch=
schnittswerte und
diejenigen in Klam=
mern der höchste
und der niedrigste
Kurs während des
Jahres. Der Spar=
wert ist 5,18.

1913	5 : 23
1914	5 : 31
1915	6 : 46
1916	7 : 23
1917	7 : 44
1918	9 : 28
1919	15 : 58
1920	29 : 27

(51 : 50 — 17 : 40)

1921 52 : 07

(80 : 50 — 28 : —)

1922 46 : 62

(54 : 50 — 35 : 25)

Die Lebens=
kosten im Lande,
oder mit andern
Worten, die Waren=
preise, sind nicht
mit den Ausland=
kursen parallel ge=
gangen. Das So=
zialamt rechnet die
Erhöhung der Le=
benskosten einer Ar=
beiterfamilie aus,
welche 1906 bis
1909 ein Jahres=
einkommen von
1600 – 2000 Finn=
mark hatte, und
nimmt die Zahl
100 für Juli 1914
als Ausgangs=
punkt. Während der
Dollarkurs im Sep=
tember 1921 dem
sechzehnfachen Pari=

Landhäuser am See Pöttträsk, westlich von Helsingfors, erbaut nach den Plänen von Eliel Saarinen, Gesellius u. Lindgren (Zu Seite 81)

wert gleichkam, war der Lebenskostenindex in Finnland 1204, also zwölf=
fach erhöht, er hat sich seitdem etwas unter dieser Zahl gehalten und war
im Dezember 1922 1156,7. Die Teuerung im Lande ist also ungefähr
11—12=fach gewesen, während die Kursschwankungen sehr stark von dieser
Lage abwichen; eine Unterwertung der finnischen Mark war bemerkbar,
besonders wenn man noch die Erhöhung der Lebenskosten in anderen
Ländern mit in Betracht nimmt, sie hat aber zu weichen begonnen. Die
großen Einfuhrüberschüsse 1919—1920 spielten durch die verstärkte Nach=
frage nach ausländischen Zahlungsmitteln hierbei eine große Rolle. Die
günstige Handelsbilanz von 1922 hat eine Wendung auch in der Zahlungs=
bilanz geschaffen, mit sinkendem Auslandskurs als Folge. Da der Noten=
umlauf, die Staatsschuld und die Lebenskosten seit lange wenig schwanken,
ist die ganze Wirtschaftslage Finnlands in der zweiten Hälfte von 1922
zu einer erfreulichen Stabilität gelangt.

Das Kreditwesen wird außer von Finnlands Bank von den Handels=
banken geleitet. Deren gab es Ende 1921 21 mit 371 Zweigstellen,
über das ganze Land verteilt. Da die Reichsbank 13 Niederlassungen
hatte, war die Zahl aller Haupt= und Zweigstellen — außer den Spar=
banken — 406; das bedeutet ein Kontor auf je 8000 Einwohner.

Ende 1921 waren die Guthaben der Privatbanken 6 781,3 Millionen
Finnmark. Unter den Schulden zählten 859 Millionen Aktienkapital
und 333,4 Millionen Finnmark Reserven. Die Privatbanken in Finnland

Entwurf des Landtagsgebäudes für Helsingfors über der Höhe von Brunsparken. Von Eliel
Saarinen (Zu Seite 83)

sind Depositenbanken nach schottischem und schwedischem Muster. Am 31. Dezember 1921 hatten sie Einlagen zum Betrage von 3788,3 Millionen Finnmark angenommen und 5972,9 Millionen Finnmark ausgeliehen.

An die Handelsbanken, die sämtlich Aktiengesellschaften sind, reihen sich einige wenige Hypothekenbanken an. Bemerkt sei hierbei, daß auch einige Handelsbanken Hypothekenabteilungen haben. Die Anzahl der Sparbanken war 1922 463 mit etwa $1^1/_4$ Milliarde Finnmark Einlagen. Weiter muß man mit den 775 Sparkassen der Genossenschaften, die sich an die kleinsten Sparer wenden, rechnen.

Die Staatsfinanzen Finnlands sind während der letzten Jahre in Ordnung gebracht worden. Einen Überblick über das Budget der zwei letzten Jahre gibt die folgende Tabelle (in Tausend Finnmark):

	1921	1922	1923
Einnahmen:			
Ordentliche . .	2 154 856	2 127 493	2 447 979
Außerordentliche	76 291	41 275	18 201
Summe	2 231 147	2 168 768	2 466 180
Ausgaben:			
Ordentliche . .	1 808 631	1 931 296	2 200 622
Außerordentliche	430 473	245 363	432 933
Summe	2 239 104	2 176 659	2 633 555
Defizit . . .	7 958	7 891	167 375

Das Defizit wurde aus dem Staatsfonds gedeckt; dieser ist dadurch entstanden, daß die wirklichen Einnahmen von Steuern die berechneten weit überstiegen haben.

Bis 1909 hatte Finnland eine ganz unbedeutende Staatsschuld, die in einigen Anleihen für Eisenbahnbauten angelegt war; deren ungetilgter Pariwert war am 30. September 1922 nur 155 921 619 Finnmark.

Im Jahre 1918 übernahm der Staat die Aktienmehrheit in der größten Holzindustriefirma des Landes, A. B. W. Gutzeit & Co., von einem norwegischen Konsortium, wobei die Zahlung auf zehn Jahre verteilt wurde. 1920 wurde für Verpflegungszwecke eine langfristige Anleihe von 4 Millionen dänischen Kronen in Dänemark aufgenommen und noch eine kurzfristige Anleihe in Neuyork, wovon etwa 6 Millionen Dollars noch ausstehen. Schließlich wurden 1921 in Skandinavien zwei Anleihen von 250 und 150 Millionen Finnmark aufgenommen, in der Absicht, die finnländische Valuta zu stabilisieren.

Im eigenen Lande hat der Staat 1918 und 1919 bedeutende Beträge geliehen, um die Staatsfinanzen, das Geld- und Verkehrswesen in Ordnung zu bringen, die russischen wertlosen Guthaben abzuschreiben und die Kriegs- und Aufruhrschäden zu decken; außerdem hat der Staat große Beträge für den Erwerb von wichtigen Industrieanlagen gebraucht. Unter Berechnung der ausländischen Schulden zu den bei der jeweiligen Auf-

Der Industrie-Stadtteil von Tammerfors (Zu Seite 54)

nahme der Anleihen geltenden Kursen wird die Staatsschuld am 1. Januar 1923 in folgender Weise (in Millionen Finnmark) berechnet:

Konsolidierte Schuld:
Ausländische 659,8
Einheimische 956,0   1615,8

Unkonsolidierte Schuld:
Ausländische 167,1
Einheimische 95,0   262,1

Summe Finnmark 1877,9

Nach den im Anfang des Jahres 1923 bestehenden Kursen würde die Auslandschuld 52,6, die einheimische 26,3 und die Gesamtschuld 78,9 Millionen Dollar ausmachen.

Bei jeder Berechnungsart erscheint die finnländische Staatsschuld also sehr gering im Verhältnis zu derjenigen anderer Länder.

Gegenüber der Schuldenlast steht ein beträchtliches Staats= und Nationalvermögen. Nach einer sehr vorsichtigen Berechnung des statistischen Zentralamtes hatte das Nationalvermögen im Jahre 1919 einen Wert von 32 Milliarden Finnmark, wovon 8 Milliarden Staatseigentum waren. Seitdem ist eine sehr große Steigerung aller Werte entstanden, und die neue Berechnung, die das Amt im Jahre 1922 in Arbeit genommen hat, wird sicherlich überraschend höhere Zahlen ergeben.

Neue soziale Fragen.

Das selbständige Finnland ist eine moderne Republik mit ausgeprägter demokratischer Verfassung. „Die Staatsgewalt in Finnland gehört dem Volk, das von seiner zum Reichstag versammelten Repräsentation vertreten ist," heißt es in der Regierungsform vom 17. Juli 1919. Das Staatsoberhaupt ist der Präsident. Er wird auf sechs Jahre von dem Volke Finnlands durch 300 gewählte Vertrauensleute gewählt.

Die grundlegenden Prinzipien der Verfassung sind die in modernen Staaten allgemein angewandten: Gesetzgebung durch Volksrepräsentation und Staatsoberhaupt zusammen; die exekutive Gewalt in der Hand einer Regierung, aus dem Präsidenten und einem verantwortlichen Ministerium zusammengesetzt; das Budgetrecht dem Reichstag zugesichert; die Rechtspflege einem unabhängigen Richterstand anvertraut.

Die Regierungsform sichert die allgemeinen

Das Freiheitsdenkmal in Tammerfors

Rechte der Mitbürger, besonders Rede= und Pressefreiheit, Ver=
sammlungs= und Vereinsrecht. Sie stellt fest, daß Finnisch und
Schwedisch die Nationalsprachen der Republik sind. (Diese Verordnung
ist nicht wie eine Erinnerung aus den Zeiten, als Finnland mit
Schweden vereinigt war, aufzufassen; sie hat ihren Grund darin, daß
ein Neuntel der Bevölkerung des Landes Schwedisch zur Muttersprache
hat.) Sie verbietet das Verleihen des Adels oder anderer erblichen
Würden.

Die Gesetzgebung erfolgt in Übereinstimmung mit allgemein ange=
nommenen Prinzipien. Sowohl die Regierung wie auch der Reichstag
haben das Recht, die Initiative zu ergreifen. Ein von der Volks=
repräsentation angenommener Gesetzentwurf muß von dem Präsidenten
bestätigt sein, um Rechtskraft zu erlangen; das Recht des Präsidenten,
Bestätigung zu verweigern, ist jedoch nur von suspendierender Natur, da
der nach der Neuwahl zusammenkommende Reichstag einen von dem
Präsidenten abgelehnten Gesetzentwurf durchsetzen kann, dadurch, daß er
denselben unverändert gutheißt. Administrative Verordnungen werden von
der Regierung ohne Mitwirkung des Reichstags erlassen.

Die Verwaltung Finnlands ist in hohem Maße auf bürgerliche Selbst=
regierung gegründet. Wie so viele andere Züge in der Organisation des
finnischen Gemeinwesens ist auch dieses ein Erbe der Verbindung mit
Schweden. Während die höheren Verwaltungseinheiten, die Regierungs=
und Amtsbezirke, von Staatsbeamten geleitet sind, genießen die niederen,
die Gemeinden, von altersher ein weitgehendes Recht zur Selbstverwal=
tung, besonders in ökonomischer Beziehung. Zurzeit sind Vorkehrungen
getroffen, um Selbstverwaltungsbezirke höherer Ordnung als die Ge=
meinden zu schaffen.

Die großen Befugnisse, die dem Reichstag laut der Verfassung zu=
kommen, geben dieser Institution eine außerordentliche Bedeutung. Sie
ist nach dem Einkammersystem gebildet. Die Anzahl der Volksvertreter
ist 200, und diese sind einer proportionalen Wahlmethode nach gewählt
vom Volke Finnlands in der eigentlichen Bedeutung dieses Wortes, da
Wahlrecht, mit wenigen und unwesentlichen Ausnahmen, jedem unbeschol=
tenen Mann oder Weib zukommt, die vor dem Wahljahre 24 Jahre voll=
endet haben. Jeder Wahlberechtigte ist auch wählbar. Diese demokratische
Volksvertretung ist älter als die Selbständigkeit des Landes, weil sie im
Jahre 1906 durch einen Gesetzgebungsschritt des alten, von den schwedischen
Zeiten beibehaltenen Ständelandtag geschaffen wurde und zum erstenmal
im Jahre 1907 zusammenkam.

Der plötzliche und unvermittelte Schritt von einer veralteten und
in ihren Gedanken aristokratischen zu einer völlig demokratischen Repräsen=
tationsform mußte selbstverständlich gewisse Übelstände mit sich ziehen;
dieselben, die man unter gleichen Verhältnissen in anderen Ländern er=
fahren hat. Die neuhinzugekommenen Massen haben die Mehrheit der
Wähler ausgemacht, und ein gewisser Mangel an Erfahrung und Kennt=
nissen wie auch an politischer Schulung hat sich, auf Grund der Gering=
schätzung der Wähler von Kenntnissen und theoretischer Ausbildung, in
der Volksvertretung geltend gemacht. Die Reform vom Jahre 1906 hat
vorläufig weder solchen Erfolg gehabt, wie ihre zahlreichen Förderer
hofften, noch ein so schlechtes Ergebnis, wie ihre wenig zahlreichen Wider=

Die Domkirche von Åbo (Zu Seite 12 u. 79)

sacher fürchteten. Die Schätzung der Vor= und Nachteile ist natürlich von dem Parteistandpunkt und von dem damit zusammenhängenden Urteil über das Gesetzgebungsergebnis der letzten Jahre abhängig. Hier kann nur fest= gestellt werden, daß die linken und die Zentrumparteien durchgehend mit der Repräsentationsform zufrieden zu sein scheinen — natürlich mit Aus= nahme der äußersten Linken, der Kommunisten, die auf dem Boden des Bolschewismus stehen —, während die Ansichten unter den mehr konser= vativen Schichten der Gesellschaft geteilt sind.

Der Gedanke des Proportionalismus ist nicht ganz folgerichtig durch= geführt. Am nächsten dem Ideale kommt man, wenn alle im ganzen Lande abgegebenen Stimmen zusammengerechnet und die zweihundert Mandate nach der Stimmenanzahl der Parteien verteilt werden. Jetzt ist aber das Land in eine Anzahl Wahlkreise geteilt, von denen ein jeder berechtigt ist, eine gewisse, vorher bestimmte Anzahl Volksvertreter aus= zusehen; die proportionale Verteilung der Mandate findet in den ver= schiedenen Wahlkreisen statt und begünstigt in der Regel etwas die größeren Parteien. Es kann vorkommen — und es ist vorgekommen —, daß eine kleine Partei in keinem Wahlkreise genügend stark ist, um ein Mandat zu gewinnen, und folglich ganz und gar nicht vertreten ist, während sie in dem Falle, daß das ganze Land einen einzigen Wahlkreis bildete, eine Stimmenanzahl erreichen würde, genügend groß, um ihr einige Plätze im Reichstag zu sichern. In der letzten Wahl sind Differenzen bis auf vier zwischen den von einer Partei faktisch gewonnenen und den nach der Idee des Proportionalismus mathematisch richtigen Zahl vorgekommen.

Die politischen Parteien in Finnland sind zur Zeit sechs an der Zahl. Die größte ist die sozialdemokratische, die bei der letzten Wahl (im Sommer 1922) 53 Mandate erhalten hat. Die äußerste Linke, die unter der Marke „Die sozialistische Arbeiterpartei" höchst unvollständig ihren kommunistischen Charakter versteckt, rechnet 27 Mitglieder. Diese zwei Gruppen sind entstanden durch Zersplitterung der früheren sozial= istischen Partei, die in der ersten Einkammervertretung (1907) über 80 Mandate verfügte, bei jeder folgenden Wahl an Stärke gewann und im Jahre 1916 — mit weniger als 50 v. H. von den abgegebenen Stimmen — mit 103 Plätzen absolute Mehrheit erreichte, aber im Jahre 1917 auf 92 herabging. Bei der ersten Wahl nach den Ereignissen von 1918 — es war im Winter 1919 — erhielten die Sozialisten 80 Mandate — dieselbe Anzahl wie bei der ersten Einkammerwahl und ebenso viele wie die zusammengelegte Mandatenzahl der beiden linken Parteien im jetzt tagenden Reichstag. — Die kommunistische Partei ist an Kenntnissen und politischer Erfahrung bei weitem die schwächste unter allen sechs. Die sozialdemokratische dagegen verfügt über einige recht be= deutende Talente.

Die größte bürgerliche Partei des Reichstages ist der sogenannte Bund der Agrarier, der zunächst die Interessen der Provinz und besonders des kleineren Ackerbaues vertritt. Da diese einen sehr großen Teil des fin= nischen Volkes ausmachen, haben sie kräftig die Partei gefördert; sie hat bei jeder Wahl Gewinne zu verzeichnen gehabt und verfügt zurzeit über

Kirche in Borgå (rechts der Glockenturm) (Zu Seite 80)

45 Mandate. Sie ist unermüdlich bestrebt, vor allem die Klasse der kleinen Grundbesitzer zu kräftigen und ihre Lage zu verbessern; in dieser ihrer an und für sich höchst anerkennenswerten Bestrebung ist die Partei oft mit mehr oder weniger offener Feindschaft gegen die Städte, die In= dustrie und den größeren Ackerbau aufgetreten. Der Bund der Agrarier hat dank seiner Zentrumstellung einen großen Einfluß in der Volksver= tretung ausgeübt, weil er in der Regel bei Abfall von dem einen oder anderen Flügel auf die Unterstützung des anderen Flügels rechnen konnte. Neuerdings hat er mit Beistand der Linken ein von der Rechten energisch bekämpftes Enteignungsgesetz durchgesetzt, das gegen die größeren und mittelgroßen Güter gerichtet ist, und dadurch den Staatsbehörden die Möglichkeit gegeben, die nicht begüterten Landbewohner erforderlichenfalls mit Grund und Boden zu versehen.

Nächst dem Bunde der Agrarier in allgemeiner politischer und sozialer Anschauung, aber ohne besondere Agrarinteressen, steht die „Finnische Fortschrittspartei". Sie ist eine liberale bürgerliche Partei, die durch so= ziale Reformen und versöhnliche Politik die die Gesellschaft trennende Kluft (die mit solch erschreckender Deutlichkeit sich 1918 offenbarte!) zu überbrücken sucht. Die Fortschrittspartei hat ein paarmal, zusammen mit dem Bund der Agrarier, die Regierung gebildet, obwohl sie beide nicht über eine parlamentarische Mehrheit verfügten (das letztemal nur 69

Höcker, Finnland 5

Alte Kirche in Björnå (Zu Seite 79 u. 80)

Stimmen von 200). Solch eine Lage ist für eine gewisse Zeit möglich gewesen dank der Zentrumstellung. Der Einfluß der Partei unter den Regierungskreisen ist ein bedeutender gewesen; aus ihrer Mitte ist der heutige Präsident hervorgetreten. — Bei der letzten Wahl hat die Fort= schrittspartei eine schwere Schlappe erlitten, indem ihre Mandatzahl von 27 auf 15 herabgegangen ist: der Abfall ist offenbar der nächst höher stehenden Partei zugute gekommen. Diese, die den Namen „Die finnische Sammlungspartei" trägt, verfügt jetzt über 35 Mandate gegen 28 im letzten Reichstag. Sie hat zurzeit eine verhältnismäßig größere Anzahl einsichts= voller und erfahrener Politiker als irgend eine andere Reichstagspartei. In ihrem politischen Standpunkt vertritt sie einen liberalen Konservatismus, der eine besonnene Reformwirksamkeit wünscht, die mit obwaltenden Rechts= begriffen übereinstimmt und die Stetigkeit der Gesetzgebung beibehält. Ihre Wähler gehören allen Klassen der finnisch sprechenden Gesellschaft, und zwar dem Bauernstand, der Bürgerschaft und dem Beamtenstand an.
Sämtliche eben aufgeführten Parteien sind im großen ganzen rein finnisch. Wenn auch vereinzelte ihrer Repräsentanten im Reichstage Schwedisch zur Muttersprache haben, sind sie doch, als Parteimänner be= trachtet, Vertreter der finnisch sprechenden Mehrheit des Landes. Nur ein sozialdemokratischer Abgeordneter macht in der Regel von der schwedischen Sprache in den Debatten Gebrauch. Die große Mehrheit der schwedischen Bevölkerung des Landes ist durch die „Schwedische Volkspartei" vertreten, die in dem jetzigen Reichstag über 25 Mandate verfügt. Dieser Verband kann nicht als eine Partei in gewöhnlichem Sinne bezeichnet werden, weil er in sich viele verschiedene sozialpolitische Anschauungen enthält; er ist eine

Nationalitätenpartei, deren zusammenhaltendes Band von den Interessen der schwedisch sprechenden Bevölkerung gebildet wird.

Die schwedische Bevölkerung Finnlands hat sich als weniger empfäng= lich für die modernen sozialpolitischen Ideen als die finnische gezeigt. Ihre kritischen und selbständigen Charakterzüge machen sie konservativer. Während die Mandatziffer der Schwedischen Volkspartei seit 1907 zwischen 21 und 26 gewechselt hat, sind nie mehr als drei Sozialdemokraten durch schwedische Stimmen gewählt worden. Durch die Spaltung zwischen den Sozialdemokraten und den Kommunisten ist die Anzahl der letzteren jetzt auf einen einzigen zusammengeschmolzen. — Die Reichstagsgruppe der Schwedischen Volkspartei war früher qualitativ sehr stark; in den letzten Jahren hat sich ein gewisser Niedergang geltend gemacht, und zwar aus der Ursache, die man mit Parlamentsunlust bezeichnen könnte.

Das Kriegswesen Finnlands ist auf allgemeine Militärdienstpflicht begründet. Im Kriege 1918 wurde das alte, zu der Zeit noch nicht gesetzlich wider= rufene Wehrgesetz von 1878 maß= gebend. Es war jedoch aus man= chen Gesichtspunk= ten weniger be= friedigend und wurde im Jahre 1919 durch ein neues ersetzt, das indes ausdrücklich als provisorisch bezeichnet wurde. Die aktive Dienst= zeit wurde auf 1 1/2 Jahr festge= setzt, aber faktisch auf ein Jahr ver= kürzt.

Am 20. Ok= tober 1922 nahm der Reichstag mit den Stimmen der Rechten und des Zentrums gegen die der Linken ein neues Wehrgesetz an. Laut diesem umfaßt die Aus= bildungszeit, d. h.

Kirche in Lojo (Zu Seite 79 u. 80)

Das russische Mönchskloster auf der finnischen Insel Valamo im Ladogasee

der aktive Dienst unter den Fahnen, ein Jahr für die Mehrzahl der Militärpflichtigen, aber ein Jahr drei Monate bei der Kavallerie, der Feldartillerie und einigen von den kleineren Waffen wie auch für die Militärpflichtigen, welche Reserveoffizierschulen zu besuchen kommandiert sind. Nach Bedarf werden die Verbände durch festangestellte Unteroffiziere und angeworbene Mannschaften ergänzt.

Die in Friedenszeit bestehenden Kader sind in drei von allen Waffen zusammengesetzten Divisionen und einer abgeteilten Brigade unter= gebracht. Bewaffnung und Ausrüstung sind vollkommen modern. Die Ausbildung ist auf deutsche, den finnländischen Verhältnissen angepaßte Methoden gegründet. Auf dem eigenartigen Gelände ihres Heimatlandes dürfte die junge Armee Finnlands dem Gegner, der in Frage kommen kann, als qualitativ überlegen anzusehen sein.

Das Soldatenmaterial ist aus manchem Gesichtspunkt gut, aus gewissen vorzüglich. Die Schießleistung steht hoch. Die Mannschaften sind kräftig, abgehärtet und im Besitze einer ganz besonderen und äußerst wertvollen psychischen und physischen Zähigkeit. Sie sind kaltblütig im Kampf und folgen mit viel Treue dem Führer, der ihr Vertrauen zu gewinnen verstanden hat. Trotz ihrer Ruhe, die oft wie Trägheit aus= sieht, besitzt das nordische Blut viel Hitzigkeit, und das Handgemenge eignet sich für die uralte Wildnisgemütsart der Finnen.

Obwohl die Armee Finnlands jung ist, hat sie alte und ruhmvolle Traditionen, auf die sie zurückblicken kann. Die heutigen Regimentsnamen waren in den alten Zeiten im Heere Schwedens bekannt, und Krieger aus Finnland haben unter schwedischen Fahnen auf unzähligen Schlachtfeldern in Deutschland, Polen, Rußland und den baltischen Provinzen gekämpft und geblutet. Während des Dreißigjährigen Krieges waren die finnischen Reiter gekannt und gefürchtet unter dem Namen von „Hackapeliten" (von dem finnischen „hakkaa päälle", d. h. „schlag zu!" abgeleitet). Das neueste Blatt in der Kriegsgeschichte Finnlands ist der Winterfeldzug in Estland im Jahre 1919, als 4500 Freiwillige dieses Land vom Untergange retteten und Sowjet-Rußland, das sich damals im Kriegszustande gegen Finnland befand, verhinderten, sich der südlichen Küste des Finnischen Meerbusens zu bemächtigen.

Die Kriegsflotte Finnlands ist unbedeutend. Da sie nur die Verteidigung der von den Schären geschützten Küsten bezweckt, besteht sie vorläufig eigentlich nur aus einer Anzahl Ober- und Unterwasser-Torpedobooten.

Schwedische und finnische Sprache.

Um die Zeit der Trennung Finnlands von Schweden war die schwedische Sprache die Bildungs- und Amtssprache des ganzen Reiches. Diese Tatsache verblieb auch östlich des Bottnischen Meerbusens auf ungefähr ein Jahrhundert bestehen. Die gebildete Klasse Finnlands war der Abstammung ungeachtet im großen ganzen schwedisch sprechend. Die finnischen Elemente, welche nebst den schwedischen und ausländischen (zunächst deutschen), diese Klasse bildeten, hatten sich „verschwedischt", wenn sie sich in kultureller und sozialer Hinsicht erhoben.

⊠ Pilger, Novize und Mönch auf einer der Inseln des Balamoklosters im Ladogasee ⊠

Seit dem Ende des 17. Jahrhunderts ist jedoch eine finnisch-nationale Bewegung aufgekommen, deren ursprünglicher Herd die Universität Finnlands war, die bis zum Brande 1827 in die Stadt Åbo verlegt war. Die nationale Bewegung, deren führende Persönlichkeit während des letzten Abschnitts der schwedischen Zeit Finnlands Henrik Gabriel Porthan (1739—1804) war, hatte ungefähr bis zur Mitte des 18. Jahrhunderts rein kulturelles Gepräge und äußerte sich in einem erwachenden Interesse für den finnischen Bauernstand, für dessen bis dahin versäumte Sprache, für die finnische Volksdichtung, für die Geschichte Finnlands usw. Diese Seite der finnisch-nationalen Bewegung ist von Männern wie Elias Lönnroth (1802—1884), dem weltberühmten Sammler der Kalewala, und Mathias Castrén (1813—1852), dem Bahnbrecher auf dem Gebiete der finnisch-ugrischen Sprachforschung, vertreten. Der erstgenannte ist unmittelbar aus dem finnischen Bauernstand hervorgegangen.

Zu derselben Richtung können auch die beiden schwedisch schreibenden großen Dichter Johan Ludvig Runeberg (1804—1877) und Zacharias Topelius (1818—1898) gezählt werden. Der erste war aus schwedischem Stamme; der andere gehörte einem Geschlecht an, das aus finnischem Grunde aufgewachsen, obwohl mit schwedischen wie auch mit ausländischen Elementen vermischt war. Ein Sohn der schwedisch sprechenden Oberklasse, Johan Wilhelm Snellman (1806—1881), Journalist, Philosoph und Staatsmann, hat in den vierziger Jahren der finnisch-nationalen Bewegung eine sozialpolitische Tragweite gegeben, indem er den Anspruch der unbedingten Herrschaft der finnischen Sprache als amtliche und Bildungssprache Finnlands erhob. Dieses Programm erschien besonders kühn in einer Zeit, wo die finnische Sprache noch immer eine Bauernsprache mit einer äußerst unbedeutenden Literatur war. Unter harten Kämpfen gegen eingebürgerte Vorstellungen und bureaukratische Trägheit haben Snellmann und seine Gesinnungsgenossen ihren Ideen Bahn gebrochen. Im Jahre 1858 wurde die erste höhere Lehranstalt mit finnischer Unterrichtssprache eröffnet und 1863 das erste Mal amtlich festgesetzt, daß Kenntnis der finnischen Sprache eine Voraussetzung für die Bewerbung um Staatsdienst in Finnland sein solle.

Die Anzahl der finnischen Schulen ist schnell angewachsen und damit auch die finnisch sprechende gebildete Klasse. Mit dem Jahre 1906, wo die alte Volksvertretung, von deren vier Ständen zwei eine schwedisch sprechende Mehrheit aufgewiesen hatten, durch die jetzige ersetzt wurde, ist eine Entwicklungsstufe der Geschichte der sprachlichen Verhältnisse in Finnland abgeschlossen.

Zurzeit ist der Sprachenkampf, insofern er den Rechten der finnischen Sprache galt, zu Ende gebracht. Die Sprache der Mehrheit ist in Regierung, Volksvertretung, Amts- und Unterrichtswesen vorherrschend. Europa hat eine neue Kulturnation erhalten, die finnische, selbständig und eigenartig, wenn auch aus schwedischem Kulturgrund emporgewachsen und auf alte skandinavisch-abendländische Kulturüberlieferung gestützt.

Jedoch an der Seite der finnischen Sprache behauptet das Schwedische seine Stellung. Es hat sowohl das Vermögen wie das Recht dazu, weil

es tatsächlich eine Volkssprache in Finnland ist. Ungefähr 350 000 Menschen, welche die Südküste des Landes von dem Strom Kymmene gen Westen, die südwestliche Inselwelt wie auch den mittleren Teil der Westküste bebauen, sind von mehr oder weniger rein schwedischem Stamme und haben die schwedische Sprache als ihre Muttersprache. Vorläufig sind deren sprachliche und nationale Rechte in der Praxis überhaupt gut gewahrt, doch hat der schnelle Vormarsch des finnisch-nationalistischen, in Verbindung mit gewissen beunruhigenden Erscheinungen, unter den Schweden in Finnland ein Stre-
ben, durch Gesetz-
gebungsmaßregeln
ihre Stellung zu
sichern, ins Leben
gerufen.

Gewissen ihrer
Forderungen ist
schon der Reichs-
tag Finnlands ent-
gegengekommen, an-
dere sind noch De-
batten unterworfen.

Wenn auch der
Sprachenkampf in
Finnland zeitweise
recht hitzig gewesen
ist, hat er doch
im großen ganzen
loyale Formen be-
wahrt. Zu der
Bitterkeit und Lei-
denschaftlichkeit, die
z. B. dem Sprachen-
kampf in Böhmen
anhaften, hat man
in Finnland nie ein
Gegenstück gehabt.

Zacharias Topelius. Holzschnitt von Albert Edelfelt (Zu Seite 78)

Vor allgemeinen vaterländischen Interessen hat die Sprachenfrage mehr als einmal zurücktreten müssen.

Die Mäßigkeitsfrage hat während der letzten Jahrzehnte eine hervortretende Rolle in der Sozialpolitik Finnlands gespielt. Der Alkoholverbrauch im Lande ist nie groß gewesen — in der Tat kleiner als in jedem anderen Lande mit zuverlässiger Statistik; — dieser Vorzug wurde durch die ungleiche Verteilung des Verbrauchs aufgewogen. Während ein bedeutender Teil der Bevölkerung des Landes selten oder niemals Alkohol genoß, hat eine Minderzahl im Übermaß getrunken. Die unglücklichen Folgen des Alkoholverbrauchs, wenn auch nicht sehr ausgedehnt, sind darum um so mehr in die Augen gefallen. Durch Aufklärungswirksamkeit hat man in den Zeiten der Jahrhundertwende bedeutende Erfolge gewonnen, aber die Mäßigkeitseiferer waren nicht mit dieser langsamen Kampfmethode zufrieden. Sie stellten die Forderung auf völliges Verbot auf, und nachdem dieses auf das Programm einer Mehrheit der Parteien erhoben war, siegte es im Jahre 1907 in der Volksvertretung. Der Kaiser=Großfürst verweigerte damals aus handelspolitischen Gründen die Bestätigung; erst 1919 ist das Verbotsgesetz geltend geworden.

Es ist noch zu früh, ein Urteil über diesen Gesetzgebungsschritt zu fällen, der bezeichnend für die Neigung der Finnen zum Radikalismus ist. Den hochgespannten Hoffnungen hat das Verbot jedenfalls nicht entsprochen. Der Alkoholschmuggel, besonders aus Estland, hat gewaltigen Umfang angenommen; das geheime Brennen kommt in großer Ausdehnung vor; diese Umstände haben natürlich ihre allgemeinschädliche Wirkung auf die Gesetzestreue gehabt. Es scheint zurzeit mindestens zweifelhaft, ob die Vorteile des Alkoholverbots wirklich ihre Nachteile aufwiegen.

Die Stellung der Frau.

Der lebhafte Reformeifer, der in Finnland mit dem nationalen Erwachen in der Mitte des 19. Jahrhunderts einsetzte und nach dem Aufleben der Volksvertretung im Jahre 1863 zu vielen Neugestaltungen des Gemeinwesens führte, brachte auch die Stellung der Frau in der Gesellschaft und in erster Reihe ihre Erziehung zur Erörterung. Unter den Fürsprechern der Frauen finden wir viele der bemerkenswertesten Männer des Jahrhunderts, wie z. B. Z. Topelius und Uno Cygnaeus, den „Vater der Volksschule". Aber wie dankbar die Frauen für männliche Unterstützung auch waren, für den Erfolg war es doch wichtiger, daß sie lernten, selbst für ihre Sache einzutreten. Unter den ersten Bahnbrecherinnen der Frauenfrage mögen einige genannt werden: die Schriftstellerin Fredrika Runeberg, die Frau des Dichters J. L. Runeberg, weiter Minna Canth, Adelaïde Ehrnrooth und Alexandra Gripenberg. Minna Canth brachte mit Kraft und Geschick mit ihren Schauspielen die Frauenfrage auf die Bühne und machte sie dadurch zum Gegenstand lebhaftester Erörterung. Ihr Drama „Työmiehen vaimo" (Des Arbeiters Frau), das den Mißstand in scharfe Beleuchtung rückte, daß der Mann das Verfügungsrecht über den Arbeitslohn seiner Frau hatte, gab z. B. Anlaß zu einer Gesetzesänderung zugunsten der Gattin.

Um erfolgreich ihre Sache betreiben zu können, haben die Frauen gleich wie die Männer sich des Zusammenschlusses und der Organisation bedient. Dadurch ist allmählich eine Veränderung der allgemeinen Denkart entstanden. Zugleich mit einer Verbesserung der zivilrechtlichen Stellung der Frau — Volljährigkeit im gleichen Alter wie beim Manne, gleiches Erbrecht für Schwester wie Bruder — wurden Reformen auf dem Gebiete des Unterrichts durchgesetzt. Die Mädchenschulen wurden erweitert, und der Unterricht wurde zugleich gründlicher. Im Jahre 1871

Der Zug der Kranzbinderinnen bei der Magister=Promotion der Universität in Helsingfors

wurde es zum erstenmal einer Frau gestattet, das Abiturium zu machen. Seitdem die Mädchenschulen Fortbildungsklassen erhalten, hat die Zahl der weiblichen Studenten sich schnell vermehrt; sie macht gegenwärtig über 30 v. H. der Gesamtzahl der Studenten aus. Eine große Menge der Studentinnen hat in verschiedenen Fakultäten Examina bestanden, und einige haben es bereits zum Doktor gebracht. In fünf Seminaren werden Lehrerinnen für die Volksschulen, in den größeren Krankenhäusern Krankenschwestern ausgebildet, die Handels= und Gewerbeschulen bereiten ihre Schülerinnen zur Tätigkeit auf dem Gebiete des Handels und der Industrie vor, die Hausfrauenschulen erteilen Unterricht in häuslicher Tätigkeit.

Die verbesserte Ausbildung hat natürlich den Eintritt der Frauen in immer neue Erwerbszweige ermöglicht. Frauen vertreten das Fach des Arztes sowohl in Privatpraxis wie in Krankenhäusern und als Gemeindeärzte. Unter den Zahnärzten sind viele Frauen, und in der Apothekerlaufbahn sind sie bis zum Inhaber von Apotheken gestiegen.

Einen Ausländer mutet es beim Eintreten in ein finnländisches Bankkontor eigentümlich an, beinahe alle Plätze im Expeditionssaal mit Frauen besetzt zu sehen. Mit wenigen Ausnahmen sind die Kassiererstellungen in Banken und Geschäften durchweg Frauen anvertraut, weil diese den Ruf der Gewissenhaftigkeit und des Ordnungssinns genießen. Im Eisenbahn=, Post= und Telegraphendienst sowie bei anderen Behörden dient eine Menge Frauen, vorläufig jedoch hauptsächlich in den untersten Stellungen. Eine Satzung des Grundgesetzes ist nämlich früher gegen die Anstellung von Frauen in höherem Staatsdienst ausgelegt worden. Dieses Hindernis ist jetzt entfernt worden. Dagegen ist die Frau noch immer durch Gesetz verhindert, das Richteramt zu bekleiden. Die Tätigkeit als Rechtsanwalt ist ihr jedoch gestattet.

Dafür hat die Frau ein unbegrenztes Tätigkeitsgebiet im Unterrichtswesen, wo ihr sogar die Universitätsprofessuren nunmehr zugänglich sind. In den höheren Mädchenschulen liegt der Unterricht auf den unteren Klassen, im Interesse der Kinder, fast ausschließlich in weiblichen Händen, in den höheren Klassen unterrichten sowohl männliche wie weibliche Lehrer. In den gemischten Schulen werden Lehrer wie Lehrerinnen in ungefähr gleicher Anzahl angestellt, aber sie haben sowohl einen Vorsteher wie eine Vorsteherin, was Bedingung für die Erteilung der Staatsunterstützung ist. Auch in den Knabenschulen kommen weibliche Lehrer vor. Das Volksschulpersonal besteht mehr als der Hälfte nach aus Frauen.

Am 20. Juni 1906 gewannen die Frauen ein lange erstrebtes Ziel: das politische Wahlrecht und die Wählbarkeit. Finnland war in der Tat das erste Land in Europa, das den Frauen die vollkommen gleichen politischen Rechte wie den Männern erteilte. Hierbei haben viele Ursachen mitgewirkt, am stärksten vielleicht diejenige, daß die finnländischen Frauen während des Nationalkampfes gegen die russische Unterdrückung lebhaftes vaterländisches Interesse zeigten und stützend an der Seite der Männer standen. Sich den bestehenden Parteien anschließend, haben die Frauen sich ihres neuerworbenen Wahlrechts bedient, um u. a. Frauen in die Volksvertretung einzuwählen. In dem jetzigen Reichstag (1922) sitzen 20 weibliche Abgeordnete. (Ein französischer Journalist hat geäußert, daß er bei einem Besuch in dem finnländischen Reichstag sich vergebens nach weiblicher Schönheit umgesehen habe. Diese Bemerkung ist für gallische Sinnesart bezeichnend — ist vielleicht auch zutreffend —, aber in Finnland werden, ebensowenig wie anderswo, die Reichstagswahlen durchaus nicht als ein Schönheitswettbewerb angesehen.)

Ferner haben die Frauen dank ihrer Teilnahme an der Gesetzgebung erreicht, daß ihnen volles kommunales Wahlrecht und volle kommunale Wählbarkeit gewährt worden sind, und daß ihr Heiratsalter von 15 auf 17 Jahre erhöht worden ist. Unter den Zielen, denen die Frauen zustreben, sind zu nennen: die Eröffnung immer neuer Tätigkeitsgebiete und eine Revision der Gesetzgebung mit dem Zweck, die Stellung der Frau in der Ehe der des Mannes gleichzustellen. Die finnländischen Frauen arbeiten aber nicht nur für die ihr eigenes Geschlecht betreffenden Fragen, sondern interessieren sich auch für die Lösung politischer, sozialer und kultureller Fragen. Es gibt zahlreiche Wohltätigkeitsanstalten und Stiftungen, die von einzelnen Frauen unterhalten werden, und sehr viele von Frauen gegründete Vereine.

Wie in anderen Ländern, wo die Kultur auf germanischem Grunde erwachsen ist, hat das Leben im Heim, wo die Frau die Seele ist, in Finnland eine große Bedeutung.

Geiſtige Entwicklung Finnlands.

In ſeiner Dichtung hat das finniſche Volk durch ſein Nationalepos „Kalewala" eine ſelbſtändige Grundlage. Auf allen andern Gebieten geiſtigen Lebens iſt das kleine Land im hohen Norden durch bereitwillige Aufnahme weſteuropäiſcher Einflüſſe, die nirgends mechaniſche Übernahme waren, unter inſtinktiver Ablehnung faſt aller ruſſiſchen Einflüſſe im Laufe der letzten Jahrhunderte und vor allem in den letzten hundert Jahren zu einer beträchtlichen Selbſtändigkeit herangereift, die aus der Kraft eines kulturwilligen und eigenwüchſigen Volkstums kommt. Der Finnländer ſteht kulturell bedeutend höher als die Südvölker der Eſten und Letten und als die öſtlich angrenzenden Teile Rußlands.

Religion und Kirche. Der Finne hat in der höchſten Entwicklung der Heidenzeit eine Naturreligion gehabt, die das Licht anbetete, einen faſt chriſtlich anmutenden Glauben, überſinnlich, ohne Bilderverehrung, an den Zauber des Wortes, das die Welt geſchaffen hat und den Geiſt entband und ihm Zauberkräfte für des Volkes glückliche Zukunft verlieh. Die Chriſtianiſierung Finnlands geſchah vor allem im 13. Jahrhundert durch Kreuzzüge von Schweden aus, das damit zugleich Finnland ſeinem Staatsverbande auf ſieben Jahrhunderte einverleibte. Die griechiſch=orthodoxe Kirche, die von Süden ſchwach heraufwirkte, hatte keine erobernde Kraft. An der Maſſe des Volkes ging der Katholizismus ziemlich äußerlich vorbei. Das Volk fand erſt im evangeliſchen Bekenntnis die ihm gemäße Religion des Wortglaubens wieder. Die Reformation fand — von Guſtav Waſa 1527 beſtätigt — früh in Finnland Eingang. Heute iſt Finnland das proteſtantiſchſte Land der Welt. 98,15 % des Volkes waren 1919 evangeliſch. Die Regierung iſt Oberhaupt der Staats- und Volkskirche. Ein Erzbiſchof und drei Biſchöfe, die Paſtoren und die Gemeindeverſammlung bilden ihre Organe. Eine kirchliche Generalverſammlung (Landes=

J. L. Runeberg (Zu Seite 70 u. 77)

ſynode) vertritt die Kirche auch in der kirchlichen Geſetzgebung, die von den Staatsorganen nur beſtätigt oder abgelehnt werden kann. 1916 hatte Finnland 728 Geiſtliche und 531 Gemeinden. Dieſer geſchloſſene Unterſchied der Konfeſſion war eine der ſtärkſten Schutzwehren gegen das Eindringen ruſſiſcher Kultureinfluſſes überhaupt, auch noch 1809—1918 un=

ter ruſſiſcher Staatsoberhoheit. Die griechiſch=orthodoxe Kirche hat nur
im Südoſten, der zeitweilig zu Rußland abgetrennt war, Bedeutung und
verliert an Zahl. 1910 gehörten nur 1,67% des Volkes ihr an. Sekten
(Baptiſten und Methodiſten) werden neuerdings als organiſierte Kirchen=
gemeinſchaften geduldet, haben aber nicht viele Anhänger.

Die finniſche Sprache „Suomi" gehört zur finniſch=ugriſchen
Sprachenfamilie. Die weſtfinniſche Schriftſprache, 1540 durch Biſchof
Mikael Agricola eingeführt und ſeither vom Oſtfinniſchen vielfach auf=
gefriſcht, ſchreibt phonetiſch. Jeder Laut hat ein Zeichen. Die Sprache
hat wenig Konſonanten und viel Vokale, deren Langgebrauch durch Ver=
doppelung bezeichnet wird. Sie hat nur eine Deklination und Konjugation.
Alle Worte, auch wenn ſie lang ſind, werden auf der erſten Silbe betont.
Die Nominal=Beugung hat fünfzehn Fälle, die Verbalbeugung iſt reich
an Bildungen und Formen. Die Sprache iſt klangreich und bildſam.

Literatur. Ihr noch heute bedeutſamſtes ſprachliches Dokument iſt
das Nationalepos „Kalewala", deſſen Runen etwa gleichzeitig mit dem
Nibelungenliede, vor allem bei den öſtlichen Finnen, den Karelen, ent=
ſtanden, aber erſt 1835 und 1849 von dem Arzt Elias Lönnrot, der aus
zahlloſen Varianten die letzte und beſte Form fand, aufgezeichnet, zu einem
Ganzen vereinigt und ſo noch gerade rechtzeitig der Vergeſſenheit entriſſen
wurden. Das Kalewala,
das nacheinander Weltent=
ſtehung, Menſchenwerden
und Heldenleben darſtellt,
haben wir, ebenſo wie
den „Kanteletar" (Kantele
heißt die finniſche Zither),
die Sammlung lyriſcher
Volkspoeſie in Überſetzun=
gen von Hermann Paul,
die vergriffen ſind. Kale=
wala hat außerdem noch
A. Schiefner, (G. Müller=
München) übertragen.
Sänge aus dem Kanteletar
enthält J. Öhquiſts „Aus
der Versdichtung Finn=
lands" (Lehmann, Berlin).
In den Runen der Kale=
wala iſt Urſprünglichkeit,
reiches Naturgefühl, un=
bezwingbar zähe Kraft,
ſogar Humor gegenüber
menſchlicher Schwäche.
Iſt im Nibelungen=
liede der liederreiche Vol=
ker nur eine Nebengeſtalt,

Elias Lönnrot (Zu Seite 6 u. 76)

so ist in dem Kalewala der weise
Seher und Sänger Wäinämoinen
die Hauptgestalt. So tapfer er
mit den Waffen ist, wenn es
nottut — körperliche Kampfkraft
ist nicht das Volksideal! — das
größte schafft er mit dem Be=
schwörungszauber, mit der Macht
des Wortes, das gegen die bösen
Naturkräfte den „Geist" aus=
spielt. Der Zauberglaube ist der
turanischen Völkerfamilie eigen..
Hier erhebt er als „magischer
Gesang" die Dichtkunst zu einer
höchst wirklichen Macht. Die
Gewalt des Geistigen, im Ge=
sange verkörpert, ist trotz Orpheus
in keiner Nationaldichtung höher
gewertet als in dem Kalewala.
Sie ersetzt fast die kaum wirk=
samen Götter. Freilich Ilma=
rinen, der ehrlich praktische zweite
Held der Gesänge, schmiedet den
„Sampo", das weltliche Glück

Alekfis Kivi (Zu Seite 78)

des Volkes. Ein nüchternes Wissen um die Wirklichkeit steht dem Finnen
neben seinem Geistglauben. — Tränen fließen reichlich in dem Kalewala.
Nicht nur die Frauen weinen Bäche, auch die Männer dürfen, ohne un=
männlich zu erscheinen, Tränen vergießen. Aber sie dürfen nicht lachen,
wollen sie nicht für albern gelten. Im Nibelungenliede ist es umgekehrt.
Und Homers Helden sind die menschlichsten, sie weinen und lachen. Diese
Neigung zur Schwermut — aufgehellt durch humorvolle Episoden —
schafft in dem Kalewala eine größere Fülle edelschöner lyrischer Partien,
als ein anderes Nationalepos sie besitzt.

Im späteren Mittelalter und in der Neuzeit kam die Kultur Finnlands
von Schweden. Der Schwede brachte zunächst in harter Zucht Ordnung
und Recht und blieb lange die herrschende Oberschicht. Schweden mit
Deutschland — die deutsche Sprache ist die meist gepflegte Fremdsprache
in Finnland — waren die Vermittler der Weltkultur. So wurde nicht
nur alle höhere Bildungspflege, sondern auch die ganze geistig höher stehende
Literatur, mit Ausnahme der geistlichen Dichtung und des kirchlichen
Schrifttums zunächst schwedisch. Diese langen Jahrhunderte gipfelten in
der Dichtung erst nach der Trennung von Schweden, um die Mitte des
19. Jahrhunderts, vor allem durch J. L. Runeberg (1808—72), Finn=
lands größten, schwedisch schreibenden Dichter, Finnlands Klassiker, der
damals zugleich auch — so nahe war die kulturelle Bindung noch —
Schwedens bedeutendster Dichter war. Runeberg, der Gestaltungsweise
nach einer der frühesten nordischen Realisten, seiner Geistesart nach ein

tief ethischer Idealist, hat in seiner kraftvoll männlichen Dichtung, besonders in dem Balladenring „Fähnrich Stahls Erzählungen", der heute noch ganz lebendig ist (deutsch von W. Eigenbrodt bei Reclam) und der den letzten Heldenkampf Finnlands 1808—09 besingt, seinem Volke Selbst= vertrauen und Zukunftsglauben eingeprägt. Neben ihm schufen die erste Blüte schwedisch=finnischer Dichtung der dunkel über das Lebensrätsel grübelnde Pietist L. J. Stenbäck und der Romantiker Zacharias Topelius (1808—1899), der heiter und schaffensreich seine liebenswürdige Natur in Liedern, Erzählungen, Dramen und Märchen sein 90 jähriges Leben lang ausströmte. Namentlich den Kindern spricht er, der klug und naiv zugleich war, warm zu Herzen. Ein Jahr vor ihm starb der erste moderne schwedisch=finnische Dichter K. A. Tavastjerna. Sein scharfer Blick ins Wirkliche gab ihm die Kraft zum Realismus; aber eigentlich war er ein Romantiker, der als ein innerlich friedloser Mensch leider seine großen Gaben nicht zur vollen Auswirkung brachte. Auch ihn rechnen die Schweden noch mit Recht zu den ihrigen. Jacob Ahrenberg ist mit seinen sicher erzählten Novellen und Romanen schon viel tiefer in Finn= land verankert. In einigen jüngeren Lyrikern Mörne, Griepenberg u. a. zeigt auch heute die schwedisch=finnische Dichtung frisches Leben.

Wenn ein aufsteigendes Volk unter dem Druck des Freiheitskampfes, befeuert dadurch, daß ihm durch Lönnrots Tat sein eigener poetischer Besitz in dem Kalewala wiedergeschenkt wird, zu nationalem Bewußtsein erwacht, so beginnt es natürlich den Kampf um das volle Kulturrecht seiner Sprache. Bei allem Nationalgefühl, das auch die finnische Ober= schicht in Finnland beseelt, mußte der Kampf der Fennomanen, zu denen auch viele Schweden gehören, und der Svekomanen kommen; obgleich das Schwedentum mit über 350000 Menschen, die zum guten Teil boden= ständige Bauern sind, nicht wurzellos ist, kann der schließliche Ausgang dieses Kampfes nicht zweifelhaft sein, denn siebenachtel des Volkes denken und schreiben finnisch.

Die finnisch=sprachliche Dichtung, gefördert von einer finnischen Literaturgesellschaft, die sich auch noch andere mehr wissenschaftliche Ziele steckte, war nie eine Dichtung aus reinem Finnenblut und ist es auch heute noch nicht. Bischof Agricola, der Begründer der Schriftsprache (1508—57), Lönnrots, der Vollender des Kalewala, ja der größte Dichter der neuen Zeit, Aleksis Kivi (1834—72), der wie Lönnrot eines Dorfschneiders Sohn war und eigentlich auch einen schwedischen Namen hatte, sind mindestens zum Teil schwedischen Blutes. Aber die ganz echte Farbe eigenen Volkstums hat besonders Kivi, dessen Hauptschöpfungen die sechziger Jahre füllen, darum doch. Gleich am Neubeginn finnischer Dichtung, unmittelbar nach der Hochblüte schwedisch=finnischer Poesie, tritt uns ihr bisher Bedeutendster entgegen, der selber zwar noch in Armut das Leben des verkannten Genies führen mußte, den heute aber seine Nation als ihren Besten kennt. Neben einer düsteren Tragödie „Kullervo", einem lyrischen Drama „Lea", sind seine zwar heiteren Stücke „Die Heide= schuster" und „Das Verlöbnis", vor allem aber seine letzte große Schöpfung, der Bauernroman „Die sieben Brüder" (die letzten zwei bei Heinrich

Minden, Dresden), Schöpfungen, die sich in die Weltliteratur einordnen, weil sie aus dem Volksboden ins Groß=Menschliche hinaufwachsen. Kivi ist kein Problem= und Leidenschaftsdichter, er ist ein großer Humorist und gab in seinen „Sieben Brüdern", nebenbei mit allen Reizen der Indianer=geschichte, einen Bauernroman, der so tief aus dem Wesen seines Volkes schöpft, daß, soweit ich sehe, kein Volk etwas Gleiches und so Ganzes hat. Wir lernen den finnischen Bauern in Schwäche und Kraft, in wildem Lustrausch und zäher Tüchtigkeit wirklich kennen und drücken ihm gern die Hand. Stärker und dunkler als Dichter menschlicher Leidenschaften, und zugleich als Bezwinger entlegener heidnischer Stoffe, und dann auch wieder als Meister der farbigen Skizze, ist das nach Kivi wohl größte Talent Finnlands, Juhani Aho (1861—1922). Von den jüngeren besitzen wir jetzt Übertragungen von Joh. Linnankoski und Ilmari Kianto, die Dr. Gustav Schmidt, Helsingfors, ebenso wie Kivi, recht gut verdeutscht hat. Von den wesentlichsten Lyrikern Eino Leino und Larin Kyösti — beide aus Schwedenblut — wie auch von den hervorragendsten schwedisch=sprachlichen gibt Johannes Öhquist Proben.

Bildende Künste. Im Mittelalter waren die bildenden Künste in Finnland stark abhängig von den romanischen und gotischen Stilanregungen des Westens und ent=wickelten eigentlich nur in der Ornamentik, die kraus und eigenwüchsig noch heute die Innenwände einiger alten Kirchen dicht überblüht, völkischen Aus=druck. Der kirchliche Hauptbau, der trotz vieler Brände durch die Jahr=hunderte aufwuchs, ist der Dom zu Åbo. Neben ihm zeigen die Schwedenbur=gen, namentlich in Åbo, Wiborg und die Olofs=burg und dann die vielen ländlichen Holzkirchen, die vom 16. bis 18. Jahr=hundert als Land= und Kreuzkirchen nun schon für die Zwecke der protestan=tischen Gemeindepredigt erbaut wurden, Kraft und Ausdruck. Auch ihr In=neres wurde, namentlich durch die österbottnische

Jean Sibelius (Zu Seite 88)

Bauernkunst, oft bunt und reich ausgemalt. Unter den Kirchenmalern ragt Mikael Topelius, ein Vorfahre des Dichters im 18. Jahrhundert, durch muntere Rokokofülle, durch seine liebliche Phantasie, die aber auch Grausiges konnte, durch Humor und Charakterisierungskraft und seine eigenartig blumige Farbengebung hervor. Die ländliche Volks= und Winter= kunst hat dann namentlich noch in Wandteppichen bis ins vergangene Jahrhundert hinein aus orientalischen Anregungen eigenartige Ergebnisse gezogen, die, erst jüngst entdeckt, jetzt in einer Farbendruckmappe sichtbar geworden sind.

Die Baukunst der letzten hundert Jahre. Der neue Großfürst von Finnland, Zar Alexander I., empfand die Verpflichtung, etwas für Finnland zu tun. Ein Ukas von 1812 machte statt des schwedischer Gesinnung verdächtigen Abo Helsingfors, damals ein winkliges Städtchen von nicht 10 000 Einwohnern, zur neuen Hauptstadt und zum Verwaltungs= mittelpunkt. Ein deutscher Architekt, ein Schüler Gillys und Studienfreund Schinkels, Karl Ludwig Engel, 1778 in Berlin geboren, der in napoleo= nischen Zeiten aus Deutschland entwichen und in Reval Stadtarchitekt geworden war, fand hier das breite Wirkungsfeld für seine große Gabe und eine Bauaufgabe, so groß wie sie im Deutschland jener Jahrzehnte, der armen Zeiten wegen, gar nicht hätte erteilt werden können. 1818—1840 hat er den noch heute das Stadtbild beherrschenden monumentalen Bauten= kern von Helsingfors geschaffen. Der Senatsplatz ist von ihm mit dem Senat, dem Gouvernementsgebäude, der Universität, der Universitätsbibliothek — seinem vollkommensten Werk — und der den Platz im Norden auf einem Granithügel beherrschenden neuen evangelischen Hauptkirche des Landes, der Nikolai=Kirche, vollständig umbaut. In Helsingfors stehen seine Hauptschöpfungen. Dort sind aber auch seine Pläne und Entwürfe bewahrt, und sie zeigen, daß dieser Meister mit tiefster deutscher Gründ= lichkeit gearbeitet hat. Aus welcher Fülle von Grundrißlösungen und baulichen Gedanken ist das herausgesichtet, was im Raume entstand! Nicht Wucht — klares, ruhevolles Maß, war seines Strebens stets er= reichtes Ziel am Äußeren — im Inneren aber zugleich ein sorgfältigstes Bedenken der Zweckmäßigkeit, das in jenen stilistisch etwas allzu unbekümmert schaltenden Tagen ein ganz Seltenes ist. Seine Hauptschöpfung, die Kirche, freilich, verdarben Stümper nach des Meisters Tode mit kleinlichen Zutaten. Aber es entstand doch — ergänzt von vielen stillvornehmen Bauten im Lande — ein Gesamtwerk von imposanter Größe und Geschlossen= heit, entstand freilich in einer Umgebung, die dafür noch nicht reif war, die ihm zunächst stumm zusah. Heute ist Engels Bedeutung dort längst erkannt. Wir Deutschen aber haben Grund, diesen ersten Deutschen, der Großes für Finnland leistete, mit Stolz zu unseren bedeutendsten Bau= meistern zu zählen.

Daß ein so im Doppelsinne Erster hier schuf, brachte die Kleineren gut hinweg über die bösen Baujahrzehnte in der zweiten Hälfte des 19. Jahrhunderts. Keine Kunst hängt ja so vom Wirtschaftlichen ab wie die Architektur. Und Finnland war ein Land, das, nachdem das Petersburger Interesse erloschen war, nun auf sich selbst gestellt, sich nur langsam aus

ziemlicher Dürftigkeit zäh emporrang, und das seine Gebrauchsbauten noch
immer vorwiegend aus dem reichlichen und bequemen Holz baute, trotzdem
es an Steinmaterial die edelste Fülle hatte. Das Bedürfnis nach weiteren
Monumentalbauten war zunächst klein. Chiewitzens Ritterhaus in Helsing=
fors, ein Rohziegelbau in jener frühen Renaissancegotik, die den Gebrauchs=
zweck noch nicht mit wissenschaftlicher Stilreinheit vergewaltigte, ist um die
Jahrhundertmitte das einzige erwähnenswerte Neue. In Sjöströms recht
eindrucksvollem Stände=
haus und Nyströms älte=
ren Bauten meint man,
trotzdem die Schulung
dazu in Stockholm und
Wien geholt war, schon
eine Nachwirkung der
„edlen Einfalt und stillen
Größe" Engelschen Gei=
stes zu spüren.

Neue wirkliche Ju=
gend ist aber zunächst stets
undulbsam, über= und
hochmütig. Im 20. Jahr=
hundert, gerade in den
Zeiten, da der schwere
Druck Rußlands auf
Finnland sich fast zur
Unerträglichkeit steigerte,
aber auch in den Zeiten,
da das Land wirtschaft=
lich emporkam, hat sich
hier eine Baukunst ent=
wickelt, die zunächst nichts
von Engel wußte, die
deutlich nationale Eigen=
art zeigt und die „das
junge Helsingfors" ist und
schuf. Jung zunächst mit
allen Merkmalen der Ju=

Handgewebter Teppich aus Satakunta vom Jahre 1801

gend: keck, ungebärdig,
übers Ziel schießend, aber auch keimkräftig, hoffnungsreich, lebensstark. Die
ersten Jahre der Entwicklung nach den mehr wagemutigen als gelungenen
Bauten von Höijer und Tarjanne, von denen der erste namentlich als
Lehrer Bedeutung hat, bieten Vergleichspunkte mit dem, was wir in
Deutschland ehedem Jugend= und Sezessionsstil nannten. Ein Zuviel an
neuartiger Ornamentik, ein Spielen mit dem malerischen Baumotiv, ein
Überbetonen der Materialwirkung ist da. Aber was auch den Werken
dieser Zeit, die man die hypernationale Epoche nennen könnte, Reiz und
Interesse gibt, ist zweierlei: Einmal war die Ornamentik, die auf Motive

Höcker, Finnland 6

Gottesdienst am Strande. Gemälde von Albert Edelfelt. Paris, Luxembourg (Zu Seite 84)

karelischer Bauernkunst zurückging, wirklich Heimatkunst von phantastischer Eigenart, und dann wird mit den Bauten dieser Jahre das heimische Baumaterial, das seit den alten Schwedenschlössern fast ungenutzt gelegen hatte, wieder entdeckt. Nachdem dem fast ausschließlichen Putzbau schon eine Zeit des Ziegelrohbaus gefolgt war, fand man in dem im Lande der Felshügel heimischen Granit ein monumentales Baumaterial wieder. Außerdem entdeckte man im Lande den Tuffstein, der minder hart, also leichter zu bearbeiten und doch auch außerordentlich wetterbeständig ist, und der rauh behauen kraftvoll, glatt behandelt, mit silbrigen Flächen, fast zierlich wirkt. Es ist an den Bauten dieser ersten Jahre des neuen Jahrhunderts zweifellos ein zu lautes Donnern mit der Zyklopenwucht des Steinmaterials. Lars Sonck freilich lag die Wucht, er gestaltete sehr früh wirklich Monumentales (Telephonzentrale und Hypotheken=Vereinsbank in Helsingfors). Daß er auch liebenswürdig=graziös sein konnte, bewies er in seinem Innenhof der Börse. Seine neue Kirche, die hoch=hehr Helsingfors überschaut, ist wohl, bei aller ungewöhnlichen Kraft zu Neuem, dem äußeren Gesamteindruck nach noch kein ganz organisches Gebilde. Das Innere aber ist einer der besten neueren Kirchenräume. Das Architektentrio, Gesellius, Saarinen und Lindgren, löste sich, nach gemeinsamen Frühwerken und nach dem Tode von Gesellius, der ein Deutscher war, auf. Armas Lindgrens Eigenstes ist ein beweglicher Reichtum des architektonischen Einfalls, der immer phantasievoll anmutig ist, aber nicht immer ein fest= gebundenes Ganzes gibt. Auch wo er nach Strenge strebt (Sparkassenbau

„Suomi" Helfingfors) fällt einem das Wort „Das nordifche Venedig" ein, man fühlt fich erinnert an die geiftreich=fchmuckfrohe Faffadengeftaltung venezianifcher Renaiffance=Palazzi.

Der bedeutendfte lebende Baukünftler Finnlands wurde Eliel Saarinen (geb. 1873). Er hat uns, außer durch Bauten in Deutfchland, durch den Preis für den Entwurf einer neugeplanten Hauptftadt in Auftralien früh feinen Namen eingeprägt. Auch ein großes Gelände weftlich von Helfing-fors erfchloß und geftaltete er als Städtebauer. In Helfingfors fteht fein Bahnhof, der fich wohl mit dem Leipziger meffen kann, ja, ihn im Herausarbeiten des fpezififch neuzeitlichen Bahnhofcharakters übertrifft. Und wenn die ftaatlichen Zuftände Finnlands an Ruhe und Stetigkeit gewinnen, ift auf die Erfüllung einer noch wichtigeren baukünftlerifchen Tat zu hoffen. Für den Granithügel in Brunsparken, die füdöftlich an Helfingfors angefchloffene Halbinfel, hat Saarinen das herrliche Landtags=gebäude, das wir zeigen, geplant. Welch ruhevolle Größe in diefer breiten Gliederung der Maffen! Wie würde diefer gewaltig nach aufwärts fich hebende Turmblock auch in der Rückanficht vom Meere aus vor der Ein=fahrt in den fchönen Hafen ein erftes edles Wahrzeichen des Landes geben! Mit Eliel Saarinen, dem bedeutendften und reifften unter den doch auch recht beträchtlichen Genoffen — deffen Wefen mich an Oraniens Worte denken ließ: „Ich ftehe immer wie über einem Schachbrette!", fo ficher und abwägend, und mit jedem Zuge dem Ziel der Vollendung des Werkes näher kommend, wirkt er — fchließt fich der Ring. Denn hier ift Karl Ludwig Engels Geift im Geifte eines Selbftändigen ganz wach geworden. Die Formenfprache ift nicht „helleniftifch", fie ift deutlich Zeit=ftil, aber fie hat den klaffifchen Zug zur „edlen Einfalt und ftillen Größe":

Die Runenfängerin Larin Parasfe. Gemälde von Albert Edelfelt (Zu Seite 6 u. 84)

6*

Nicht Alte dürfen sie, nicht Junge schelten,
Sie gilt der Zeit und wird den Zeiten gelten.

Malerei und Plastik im letzten Jahrhundert. Den Malern Finn=
lands fehlte lange im Lande die Gelegenheit zur technischen Schulung.
Durch Zeichenschulen in Abo und dann in Helsingfors schuf sie gegen
Mitte des vergangenen Jahrhunderts der wackere Genremaler R. W. Ekman,
dessen künstlerisches Werk vergangen ist, dessen praktische Tat weiterlebt.
Auch die Landschafts= und Tiermaler, die Gebrüder Wright, sind noch
Lokalgrößen. Im Jahre 1846 entstand neben den Zeichenschulen der
finnische Kunstverein, der die Begabten auf Auslandsschulen schickte, Aus=
stellungen machte und auch als Käufer auftrat. Ein starker Aufschwung
ist der im Jahre 1863 in Helsingfors entstandenen Galerie zu verdanken,
die heute mit über tausend Nummern die Entwicklung der Malerei Finn=
lands deutlich widerspiegelt. Eine große Hoffnung, der Landschaftsmaler
Werner Holmberg, starb leider dreißigjährig 1860 nach kurzem Schaffen.
Im Volke tief verwurzelt und zugleich von der verfeinerten Kultur Süd=
finnlands getragen, war Albert Edelfelt (1854—1905) zu dieser Mittler=
rolle reich ausgestattet. Das Sonnige seiner Natur kam aus einem
hellen schwedischen Elternhause und aus seiner für Finnlands Geschichte
glücklichen Jugendzeit, als Alexander II. die Entwicklung freizugeben
schien. Diese glückbeschenkte Siegernatur studiert in Antwerpen und
Paris Großhistorie. Der Vierundzwanzigjährige malt „Herzog Karl die
Leiche Klas Flemings verhöhnend", dann aber führt ihn Bastien Lepage
an die frischen und doch schon gereinigten Quellen malerischer Zeitströmung.
Edelfelt hält Maß und wird kein extremer Revolutionär. Zurückgekehrt
malt er in hellen blonden Farben die Lebensgeschichte seines Volkes. Sein
erstes großes Freilichtbild „Gottesdienst in den Schären" gibt nicht nur
Gestalten im freien Sonnenlicht, sondern tief andachtsergriffene Menschen.
Dem aus dem Ausland wieder Heimgekehrten gibt die nun politisch schwer
bedrohte Heimat neue lebensgesättigte Bilder. Er illustriert, durch sein
Schwedenblut dazu berufen, Runebergs „Fähnrich Stahl" und schließt sein
reiches Werk mit dem Wandbilde der Helsingforser Universitätsaula, auf
dem Per Brahe, der schwedische Kulturbringer Finnlands, durch Licht
und Sonne zur Domkirche in Abo zieht. Albert Edelfelt hat die
europäische Malerei in Finnland und Finnland in die europäische
Malerei eingeführt. Ein Europäer der Kultur, ein Schwede der
Sprache, ein Finnländer dem Herzen nach, und ein Mensch, umstrahlt
von Glanz, Glück und Güte, war er aber auch ein Verbindender inner=
halb des schwedischen und finnischen Volksteils. In der Liebe und Ver=
ehrung für ihn fand sich die ganze Nation.

Hat Edelfelt den letzten schwedischen Heldenkampf gestaltet, so war
Axel Gallén=Kallela (geb. 1865) dazu berufen, die beiden größten Dich=
tungen des finnischen Volkes, das Kalewala und Kivis Sieben Brüder
aus der Dichtung ins Augensichtbare zu übertragen. Auch er hat einen
Bruchteil schwedischen Blutes, auch er hat Europas Kunstwandlungen in
sich durchlebt. Aber er wurzelt nicht nur mit der Neigung des Herzens,
sondern mit allen seinen Sinnen und der tiefen Eigenart seines Geistes

Aus dem Kino-Mythus: Wäinämöinen wirbt vergebens um Aino. Gemälde von Axel Gallén-Kallela. (Zu Seite 87)

Joukahainens Rache. Aus der Bilderfolge von Axel Gallén-Kallela zu den Kalewala-
Runen (Zu Seite 84—87)

im finnischen Volkswesen. Axel Galléns Temperament ist leuchtend,
sprühend, stürmisch im Ausdruck wechselnder Gefühle, nun weltmännisch
spielend mit dem fieberhaft gefühlten Reiz der Dinge, nun dämonisch ein-
gesenkt in den immer neu umwühlten Grund, aus dem sein Großes
emporwächst. Johannes Oehquist, der Verfasser der zugleich einzigen und
vortrefflichen Kunstgeschichte Finnlands, die leider bisher nur in finnischer
Sprache erschienen ist, hat recht: „Es ist etwas mit Strindberg Verwandtes
in der Erscheinung Galléns: Eine Mystik und ein Aberglaube, nicht aus
Unwissenheit, sondern aus Überwissen, aus Instinkt und visionärer Kraft."
Und so lernte zwar Axel Gallén sein Technisches in Paris, aber lange
Jahre vergrub er sich dann in selbsterbauter Riesenhütte im Heimat-
urwald. Hier wird er die „verruchte Geschicklichkeit" los und findet
allmählich seinen eigenen großen Stil. Und nun erfüllt er sich die
Träume seiner Jugend und geht an das Kalewala. „Sampos Verteidigung", „Der Brudermörder", „Joukahainens Rache", sie haben die
volle Sicherheit im Schauen, die zusammengeraffte Ausdrucksgewalt selbst-
erworbener Stilgröße. In „Ilmarinen schmiedet Sampo" ist wieder
mehr Einzelheit durchgebildet. „Der rasende Kullervo", übrigens der
einzige soziale Empörer, den ein Nationalepos kennt, ist ein farben-

leuchtendes Freilichtbild im hellsten Sommerfrieden, durchgellt vom Schrei wahnsinniger Leidenschaft. Auch in Bildnissen und Illustrationen zu Kivi schuf Gallén Kunst, die uns alle angeht.

In dem dritten großen Maler Finnlands, Eero Järnefelt (1865 geb.), gewinnt der Kanteletar, die reiche Sammlung finnischer Volkslyrik, obgleich er ihn nicht eigentlich illustriert hat, im Bilde Gestalt. Eine lebenswache Lyrik, innig und gesund, singt mit vollendeter künstlerischer Schule und zugleich schlichtester Natürlichkeit aus seinen herzenswarmen Bildern, die gerade und unverstellt Volkswesen spiegeln und Heimatlandschaft.

Die kleineren sind nicht klein. Der in Fresken bewährte K. M. Enckell hat in seinem Auferstehungsbilde Sonnenaufgangsstimmung über kahlweitem Land mit dem neuen Menschenpaar zu einer Gesamtstimmung von feier-licher Gewalt vermählt. Berndtsons sachlicher Pinsel gibt Fischerleben, Pekka Halonen gestaltet sehr einprägsam Bauern bei der Waldarbeit, Juho Rissanen begann mit traumhaft wirkender echter Heimatkunst. Hugo Simberg ist ein echter Idylliker; Waldemar Topelius ein stimmungsvoller

Wäinämöinen im Kampf mit Louhi. Aus der Bilderfolge von Axel Gallén-Kallela zu den Kalewala-Runen (Zu Seite 84—87)

Marinemaler; auch Frauentalente, wie Venny Soldan-Brofeldt und Helene Schjerfbeck haben eigene Qualität.

Von der Plastik nordischer Völker reden ist immer ein wenig Verlegenheit. Da wirkt wohl das Klima, das meist dicke, die Naturformen verhüllende Bekleidung bedingt, und der Himmelsstrich, der mit Nebel und langen, dunklen Zeiten die süße Gewohnheit südlicher Gegenden, den Menschenleib hüllenlos oder doch mit deutlicher Silhouette in klarer Sonne zu schauen, hemmend ein. Es ist wohl ferner der stärkere Drang nordischer Kunst nach dem Ausdruck seelischer Dinge, welcher dem Wesen der Plastik, die stärker auf Wirkung der Form gestellt ist, widerstreitet. Nennen wir unter den älteren Plastikern Finnlands den echt pathetischen Wikström, und den liebenswürdig feinen Viktor Malmberg, so nennen wir vielleicht die besten aus einer tüchtigen Schar.

Es genügt zu wissen, daß auch Futurismus und Expressionismus in Finnland Gefolgschaft fanden, und sicher ist Bemerkenswertes darunter. Aber ebenso sicher ist das kommende wichtige Kunstereignis, daß Finnlands größter Maler, der seit Jahren daran arbeitet, daß Axel Gallén nun nach der Reihe die Gemälde des Kalewala auch mit Zeichnungen nachgestaltet.

Musikleben. Ostkarelische Runenmelodien, Klagelieder und Jodler, Arbeits- und Hirtenlieder und Tanzweisen zur finnischen Zither, der Kantele, später zu Geige und Klarinette, stehen am Anfang eines eigenen finnischen Musiklebens, während die geistliche Musik vorwiegend westeuropäische Choralweisen und gregorianische Messen, oft frei, verarbeitete. Weltliche Tonkunst höherer Art entstand erst unter dem Einfluß des ersten wesentlichen Komponisten Finnlands, Fr. Pazius (1809—91), auch eines Deutschen, der das Musikleben Åbos nach dem Brande nach Helsingfors übertrug, dort einen Symphonie- und einen Gesangverein gründete und mit ihm die großen Meisterwerke der Musik aufführte, der Runebergs edle Nationalhymne „Unser Land" vertonte, und mit Zacharias Topelius als Textdichter die ersten finnischen Opern schuf. Diesem auf seinem Gebiet fast so stark wie C. L. Engel wirkenden Künstler folgt ein halbes Jahrhundert später, schon in einer Schar Tüchtiger, Finnlands bedeutendster Tonschöpfer, Jean Sibelius, 1865 geboren, der heute einen europäischen Namen hat. Nicht nur, weil seine glänzende Instrumentation, seine eigenartige Kontrapunktik, seine farbenprächtige Tonmalerei alle Ausdrucksmittel der Musik beherrscht, sondern vor allem, weil der reine und schwermütige Klang finnischen Naturwesens in seiner Kunst lebt.

Ausübend pflegt die Oberschicht vor allem das Männerquartett, und ein Musikinstitut in Helsingfors dient seit 1882 der höheren tonkünstlerischen Schulung. Das Volk liebt den gemischten Chorgesang, und volkstümliche Musikfeste führen die zweisprachigen Volksteile zu friedlichem Wettstreit zusammen und stehen auf beträchtlicher Höhe des Könnens.

Theater gab es im Finnland alter Tage nur als geistliches Spiel. Erst im achtzehnten Jahrhundert kommt eine schwedische Wandertruppe. 1813 entsteht in Åbo ein besonderer Theaterraum, 1827 baut C. L. Engel in Helsingfors ein Holztheater. Auf Cygnaeus Antrieb entsteht 1853 von

Ilmarinen schmiedet den Sampo.
Aus der Bilderfolge von Axel Gallén-Kallela zu den Kalewala-Runen (Zu Seite 81—87)

Auszug Kullervos zur Rache. Aus der Bilderfolge von Axel Gallén-Kallela zu den Kalewala-Runen (Zu Seite 84—87)

Chievitz erbaut, das schwedische Theater in Helsingfors. Die finnische Bühne verdankt ihre Entstehung Kaarlo Bergbom (1843—1906). Aus kleinen Anfängen, die aber sogleich einem Talent von Weltruf, Ida Aalberg, den Weg bereiten, entsteht das finnische Nationaltheater, dem O. Tarjanne 1902 das dauernde Haus vollendet. In dem lebhaften Wettbewerb der schwedischen und der finnischen Oper siegt zunächst Schweden. Die finnische Oper (1873—1879) geht wieder ein, aber für das Schauspiel bereitet Bergbom ein Repertoire, das alles Wichtigste der Weltdramatik umfaßt und das den finnischen Dichtern, vor allem Kivi, dann Numers, Erkko, Kiljander Wirkungsfeld und Heimstätte bereitet. Wandertruppen tragen die Bühnenkunst ins Land, es entsteht in Tammerfors ein eigenes finnisches, in Helsingfors ein zweites finnisches Theater. Dilettantenbühnen leisten Gutes. In anspornendem Wettbewerb mit dem schwedischen Theater, das in der Provinz wandert, und außer zwei Theatern in Helsingfors, besonders in Abo, im eigenen Hause fest fußt, entwickeln sich Theaterspiel und Bühnenkunst rege weiter.

Unterrichtswesen. Die finnische Volksbildung begann früh mit Leseunterricht. Seit um die Mitte des sechzehnten Jahrhunderts Bibel, Katechismus und Gesangbuch als die ersten finnischen Bücher gedruckt waren, ermahnte die protestantische Geistlichkeit unermüdlich lesekundig gewordene Eltern, im Hausunterricht ihre Kinder das Lesen zu lehren, ja sie drohte Säumigen mit Kirchenstrafe. Wanderschulen auf dem Lande und seit 1726 „Haus- und Leseverhöre", durch welche die Kirche

Finnische Badestube. Gemälde von Axel Gallén-Kallela (Zu Seite 87)

Mittagsraft. Aquarell von Eero Jaernefelt (Zu Seite 87)

Schlittenzug. Aquarell von Eero Jaernefelt (Zu Seite 87)

Heimkehr. Gemälde von Juho Riffanen (Zu Seite 87)

Baumfäller. Gemälde von Pekka Halonen (Zu Seite 87)

Auferstehung. Ausschnitt aus dem Altargemälde in der Johanniskirche in Tammerfors
von Magnus Enckell (Zu Seite 87)

sich gleichzeitig vom Bibelkennen und Lesenkönnen überzeugte, bildeten
lange, später zum Teil durch etwas Schreib= und Rechenunterricht er=
gänzt, die Form des beginnenden Volksunterrichts. Auf diesen Klein=
kinderschulen, die 1877 von 128000 Kindern besucht waren, baute,
unabhängig von der Kirche, seit 1866 die vor allem von Pastor
Cygnaeus geschaffene Volksschule auf, die den Analphabetenprozent 1906
auf 2 v. H. herabgedrückt hatte, trotzdem sie auch heute noch nicht gesetz=
lich obligatorisch ist. 85 v. H. der Volksschulen unterrichteten 1908 in
finnischer, 15 v. H. in schwedischer Sprache. 8 Seminare bilden das
Lehrermaterial aus. Reformen, die auch die Vorschule dem Kirchen=
einfluß entziehen wollen, sind im Gange. — Volkshochschulen führen
seit einigen Jahrzehnten nach dänischem Muster die Jugendlichen in
ideellen und weltlichen Dingen weiter. Arbeiterinstitute (zuerst 1908 in
Tammerfors) ergänzen diese Bestrebungen.

Das höhere Schulwesen, das in seinen Anfängen ins Mittelalter
zurückreicht, war schon in den Jahrzehnten vor Gründung der Volksschulen
stark entwickelt. Schon 1859 hatte Finnland 74 höhere Schulen, darunter
viele Gymnasien. Die neue Oberschulbehörde 1870 und eine starke Ent=
wicklung des Privatschulwesens beförderten einen Schultypus, der unserer
Oberrealschule nahe verwandt ist. 1908 hatte Finnland 93 höhere Schulen
mit finnischer, 43 mit schwedischer Unterrichtssprache. Knaben und Mädchen
werden meist gemeinsam unterrichtet, was sich sowohl sittlich wie im
geistigen Erfolg bewährt hat. —

Per Brahe hat 1640 in Åbo, der alten Landeshauptstadt, Finnlands Universität begründet, die 1828 nach Helsingfors übersiedelte, aber stets der wichtigste Sammelpunkt aller höheren Kultur des Landes blieb. 1918 zählte sie über 3000 Studierende, darunter ein Viertel Frauen, die schon seit fast 25 Jahren an der Universität gleichberechtigt sind. Die Organisation der Studenten vor allem in Landsmannschaften ist obligatorisch, rege und sehr selbständige wissenschaftliche Leistungen — so ein vorbildlicher Atlas von Finnland — sind namentlich in der geographischen Fakultät entstanden. — Ein wohl nützliches Gegengewicht gegen eine überstarke Entwicklung der Begabungen nach der ideellen Seite bietet seit 1908 die technische Hochschule in Helsingfors, die von Handwerkerschulen, für die das Lehrer= material sei 1871 auf der Zentralschule für Kunstgewerbe in Helsingfors gebildet wird, und von Industrieschulen und Gewerbeschulen solide unter= baut ist. Auch Landwirtschaft= und Forstschulen, Handelslehranstalten und Navigationsschulen hat Finnland sorgfältig entwickelt. Den moralisch oder körperlich Beschädigten dienen mit Fürsorge=Erziehung, Taubstummen=, Blinden= und Idiotenanstalten eine Reihe von Instituten.

Bücher und Presse. Das gleiche Bild eines kräftig und gesund durchkultivierten Landes bietet sein Druckwesen. Schon vor 380 Jahren bekam Finnland in der Universitätsdruckerei zu Åbo seine erste eigene Gutenbergstätte. Die zweite entstand freilich erst 1776 in Wasa. Vor

Gestaltenreihe aus dem Giebeldreieck des Ständehauses zu Helsingfors. Bildwerk von E. Wikström
(Zu Seite 88)

hundert Jahren folgten Wiborg, Uleåborg, Helsingfors. 1860 hatte Finn=
land 20, 1891: 91, 1916: 143 Druckereien. Große Verlagsfirmen haben
sich für schwedische wie für finnische Literatur entwickelt. Die Buchläden
zeigen erquicklich stark auch deutsches Schrifttum.

Das Zeitungs= und Zeitschriftenwesen ist sehr reich entwickelt. 1809
erschien in Åbo die erste Zeitung. 1844 gründete J. W. Snellmann die
ersten zwei Wochenschriften in schwedischer und finnischer Sprache, die
ihre große Aufgabe, das Volk zum Nationalbewußtsein heranzubilden,
kraftvoll lösten. Erst seit Alexander II. die Presse freigab, entwickelte sich
das „Helsingfors Dagblad" und das „Hufvudstadsbladet" (Hauptstadts=
blatt), das heute noch des Landes meistbeachtete schwedische Zeitung ist.
Seit 1870, seit der Sprachenkampf rege wurde, hat die finnische periodische
Presse die schwedische sprachlich natürlich weit überholt und eine größere
Anzahl wesentlicher Organe geschaffen. 1913 erschienen an Zeitungen
und Zeitschriften 113 in schwedischer, 273 in finnischer Sprache. Und
die Presse ist auch unter der Einwirkung des Krieges und der Revolutions=
jahre nicht zurückgegangen.

So erhalten wir auf allen Gebieten des Geisteslebens den Ein=
druck eines gewiß nicht von Schwächen freien, aber voll lebendigen Volks=
tums, das Anregungen, namentlich auch deutsche Anregungen bereitwillig
aufnehmend, doch allen seinen Kulturäußerungen eigene Art aufprägt.

Ein Menschenpaar. Bildwerk von Viktor Malmberg
(Zu Seite 88)

Druck von Velhagen & Klasing in Bielefeld

www.ingramcontent.com/pod-product-compliance
Lightning Source LLC
Chambersburg PA
CBHW030853270326
41928CB00008B/1350